빙산이 녹고있다고?

펭귄에게 배우는 변화의 기술

빙산이 녹고 있다고?

펭귄에게 배우는 변화의 기술
Our Iceberg is Melting

존 코터
홀거 래스거버 지음
유영만 옮김

최신
개정판

김영사

빙산이 녹고 있다고? 최신개정판

1판 1쇄 발행 2011. 11. 11.
1판 28쇄 발행 2017. 10. 11.
2판 1쇄 발행 2019. 4. 15.
2판 3쇄 발행 2022. 5. 26.

지은이 존 코터·홀거 래스거버
옮긴이 유영만

발행인 고세규
편집 심성미 | 디자인 조명이
발행처 김영사
등록 1979년 5월 17일(제406-2003-036호)
주소 경기도 파주시 문발로 197(문발동) 우편번호 10881
전화 마케팅부 031)955-3100, 편집부 031)955-3200 | 팩스 031)955-3111

값은 뒤표지에 있습니다. ISBN 978-89-349-9515-9 03320

홈페이지 www.gimmyoung.com   블로그 blog.naver.com/gybook
인스타그램 instagram.com/gimmyoung   이메일 bestbook@gimmyoung.com

좋은 독자가 좋은 책을 만듭니다.
김영사는 독자 여러분의 의견에 항상 귀 기울이고 있습니다.

이 도서의 국립중앙도서관 출판시도서목록(CIP)은 서지정보유통지원시스템 홈페이지
(http://seoji.nl.go.kr)와 국가자료공동목록시스템(http://www.nl.go.kr/kolisnet)에서
이용하실 수 있습니다.(CIP제어번호 : CIP2019009455)

이 책에 쏟아진 국내외 CEO들의 찬사

✳

변화는 훌륭한 명분, 뜨거운 열정만으로 이루어지지 않는다. 변화는 필연적으로 저항과 고통을 수반한다. 그래서 더욱 변화의 기술이 필요하다. 이 책은 '변화의 기술'에 대한 통찰력과 지혜를 놀랄 만큼 쉽게 제공하고 있다. 위대하고 행복한 변화를 꿈꾸는 사람들이 반드시 읽어야 할 특별한 책이다.

– 신창재, 교보생명 회장

이 책은 혁신과 변화관리라는 딱딱한 주제를 쉽고 재미있게 설명하고 있다. 기업이 혁신을 추진할 때 나타날 수 있는 전형적인 현상과 해법을 찾아가는 과정을 단순 명료하면서도 구체적으로 제시한다. 우선 재미있고 읽기도 쉬우며, 마음을 움직인다.

– 김인, 삼성 SDS 고문

창의적인 이노베이터 프레드와 당찬 실행가 앨리스. 강한 리더십을 지닌 루이스와 똑똑한 분석가 펭귄 선생. 비록 능력은 뛰어나지 않지만, 특유의 친화력으로 모든 사람의 사랑을 받는 버디, 그리고 보수적인 노노까지. 이 책이 재미있는 이유는 어느 조직에서나 접해보았을 법한 다양한 군상이 등장하는 데 있다. 그들은 펭귄 마을 혁신을 선도하는 팀원이 되어 각자 개성을 살리면서도 특유의 팀워크를 발휘하여 변화에 성공한다. 이 책이 전하는 희망은 바로, 그들처럼 한 팀이 되어 '실천'하면 변화와 혁신을 이룰 수 있다는 믿음 그 자체다.

— 윤송이, 엔씨소프트 사장

톰 크루즈가 나오는 영화는 꼭 본다는 영화 팬들처럼 존 코터 교수가 쓴 책이면 반드시 읽는다는 혁신 리더들이 있다. 변화관리 분야의 교과서로 인정받은 《기업이 원하는 변화의 리더》를 쓴 하버드대 존 코터 교수의 신작, 《빙산이 녹고 있다고?》는 변화와 혁신이 최고경영자를 넘어 현대를 살아가는 모든 조직과 개인의 주요 관심사가 되는 데 결정적인 기여를 할 명저 중의 명저다. 펭귄과 빙산이라는 친근한 소재, 변화관리 8단계가 체계적으로 녹아 있는 탄탄한 구성을 통해 쉽게 읽히면서도, 많은 감동을 전한다. 급격한 변화의 시대를 살아가는 모든 이에게 추천한다. 변화관리의 새로운 지평을 열 책이다.

— 조영탁, 휴넷 대표이사

안전한 것이 가장 위험한 것이다. 펭귄부족은 처음에 정착생활이 가장 안전한 생활방식이라고 생각했다. 하지만 그들이 보금자리라고 생각했던 빙산은 녹아내리고 있었다. 펭귄부족이 유목생활을 새로운 삶의 방식으로 여기도록 변화시킨 주인공은 프레드와 혁신팀이었다. 나는 이 책을 통해 가장 완벽한 혁신은 획기적인 제품을 개발하거나 제도를 바꾸는 것이 아니라, 문화와 생활방식을 변화시키는 것이라는 사실을 배웠다. 변화와 혁신에 대한 기존의 개념을 송두리째 바꿔놓을 책이다.

– 최권석, 한국능률협회 상근부회장

변화관리의 세계적인 구루인 코터 교수의 핵심 사상이 재미있는 우화로 다시 태어났다. 조직을 혁신하려는 경영자들이 음미해볼 만한 은유가 전편에 넘친다. 특히 녹아 사라질 빙산으로 조직을 비유한 것은 무한경쟁 속에서 미래를 보장받기 어려운 기업들의 현실이 잘 드러난 설정이다. 변화의 과정은 어렵고 고통스럽지만 그 결과는 아름다울 것이라는 낙관적 시각도 흥미롭다. 빠르게 변화하는 세상에서 올바른 돌파구를 찾는 개인에게도 훌륭한 지침서가 될 것이다.

– 권영설, 한국경제신문 전략기획국장

몇 년 전 존 코터의 변화관리 8단계를 처음 접했을 때, 놀라움을 감출 수 없었다. 기업가들이 원하는 혁신의 단초를 누구보다도 쉽고, 강하게 전하고 있었기 때문이다. 리더의 심각한 연설보다는, 작지만 신선한 실천을 보여주는 것이 강력한 변화를 이끄는 원동력이라는 사실은 그동안의 '혁신'과 '변화'에 관한 고정관념을 깨뜨려주었다. '변화관리 8단계'를 펭귄의 우화로 만나게 되어 더욱 반갑다. 주인공 프레드의 이노베이션이 리더뿐만 아니라, 모든 대한민국 직장인의 가슴에 변화의 강한 불씨를 당겨주었으면 한다.

– 신상훈, 전 신한금융지주 사장

기업은 살아남기 위해 부단히 혁신해야 한다. 그런데 혁신을 하기란 쉬운 일이 아니다. 리더 혼자 혁신을 한다고 되는 것이 아니라, 조직 구성원 모두가 자발적으로 변화를 수용해야 하기 때문이다. 변화는 내게 익숙한 모든 기득권을 흔쾌히 반납해야 한다. 이 책의 저자는 녹아내리고 있는 빙산 위의 펭귄이 위기를 극복하는 과정을 흥미진진한 우화로 완성했다. 단순하지만 체계적인 이 책은 성공적인 혁신을 위한 변화의 단계를 완벽하게 설명하고 있다

– 서두칠, 전 동원시스템즈 부회장

＊

　조직의 성장이 정체하는 시기에 경영자는 가장 큰 위기의식을 느낍니다. 그렇지만 조직 구성원들이 위기의식을 공유하지 못하고 자만심에 빠져 있을 때, 그보다 더 큰 위기를 느낀다. 존 코터는 이러한 경영자의 고민을 꿰뚫고 있다. 위기에 처한 펭귄부족 전체가 위기감을 함께 느끼며, 진심을 다해 그것을 극복하는 스토리는 변화와 혁신에 대한 강력한 해법을 제시한다.

– 안철수, 전 안철수연구소 이사회 의장

　변화하고 싶다면 이 책을 읽어라. 모든 기업과 조직에 도움이 될 만한 강력한 메시지를 담고 있다. 조직의 근본적인 문제를 발견하는 일에서부터 변화관리팀을 꾸리는 것, 실행계획을 세우고 공동목표를 향해 움직이는 일에 이르기까지 변화경영에 관한 모든 것을 담고 있다고 해도 과언이 아니다.

– 크리스 핸드, 시티그룹 부사장

　환상적이다! 이 책은 코터의 저서《기업이 원하는 변화의 리더》와 《기업이 원하는 변화의 기술》의 뒤를 잇는 강력한 후속작이다.

– 리처드 J. 코신스키, 야후 제품 카테고리 개발 임원

5월에 이 책을 읽어본 후 6월에 60권을 주문해 사람들에게 나누어주었다. 그 과정에서 이 책이 우리의 변화 노력에 큰 영향을 미친다는 사실을 깨닫고 9월에 500권을 추가로 주문했다. 보석 같은 책이다.

– 하이디 킹, 미국 국방부 프로그램 매니저

이만큼 지식을 쉽게 전달하는 책도 드물다. '뭐가 문제지? 무엇이 문제인지 모르겠어!'라는 경영인 최대의 도전과제를 녹고 있는 빙산에 비유했고, 이노베이터 기질을 지닌 펭귄 프레드는 그 상황을 해결하기 위해 모든 열정과 능력을 쏟아붓는다.

– 마이클 다임로, TTP커뮤니케이션 이사

나는 오랫동안 코터의 책에 따라 행동하며 그 원칙을 존중하고 이를 고객과 함께 활용했다. 그의 책에는 개인과 조직의 실행력을 높일 수 있는 힘이 있다. 그중에서도 이 책은 코터 생애 최고의 걸작이 될 것이다.

– 앨런 프로만, 프로만 어소시에이트 대표

이 책을 읽은 후 동료들과 나는 몇 가지 문제에 신속하게 대처할 수 있게 되었다. 우리는 검토만 반복하던 과거와 달리, 보다 앞서갔고 훨씬 조직적으로 변했다. 우리에게 큰 변화를 가져온 책이다.

— 톰 컬리, 연합통신 CEO

이 책은 변화의 핵심을 찌르고 있다. 정작 변화를 하고는 싶은데 어떻게 시작해야 할지 모르는 직장인 및 조직과 기업에 '변화에 관한 가장 강력한 방식'을 전달한다.

— 뎁 카스테터, ABD 보험&재무 서비스 부사장

생텍쥐페리의 《어린왕자》를 아는가? 세계를 움직인 그 위대한 성장소설은 남녀노소를 불문하고 깊은 감동을 불러일으켰다. 물론 내 어린 시절을 장악한 유일한 소설이기도 하다. 이 책은 분명 21세기 직장인을 위한 《어린왕자》가 될 것이다.

— 스테판 반셀, 벨기에 엘리 릴리 부장

나의 빙산은 안전한가?

　언뜻 보기에 이 책은 단순하고 가벼운 우화집처럼 보인다. 그러나 이 책에서 제시하는 우화는 21세기 기업이 처한 위기를 은유적으로 표현하고 있다.

　한때 하버드 경영대학에서 존 코터 교수와 함께 일했던 나는 조직변화에 대한 그의 해박한 지식과 경험에 놀라지 않을 수 없었다. 아마도 전 세계의 CEO와 팀장 이상의 중간관리자들은 그의 역작이자 세계적인 베스트셀러 《기업이 원하는 변화의 리더》와 《기업이 원하는 변화의 기술》을 읽어보았을 것이다. 코터 교수는 그 책에서 기업 혁신을 위한 '변화관리 8단계 모델'을 제시했다. 논리와 분석에 의해서가 아닌 조직 구성원들의 마음을 움직

Our Iceberg is Melting

이는 일에서 더욱 강력한 혁신이 시작된다는 사실을 역설한 그의 이론은 세계에 '변화관리' 열풍을 불러일으켰다. 각 기업의 CEO들은 그가 제시한 '위기론'을 활용해 혁신 성공신화를 창조하기도 했다.

이 책에는 그의 이론을 뒷받침하기 위한, 위기의 전도사 펭귄 프레드가 등장한다. 그리고 그의 아이디어를 적극적으로 받아들이고, 펭귄부족에게 변화의 필요성을 전파하는 실행가 앨리스도 등장한다. 뿐만 아니라, 강한 리더십으로 프레드와 앨리스를 돕는 루이스 회장, 뛰어난 두뇌로 변화관리의 모든 과정을 분석하는 펭귄선생, 능력은 그저 그렇지만 성격이 좋아 모든 사람의 사랑을 한 몸에 받는 버디까지 어느 조직에나 있을 법한 다양한 펭귄들이 등장하면서 독자들을 '즐겁고 행복한 변화의 세계'로 인도한다.

그들이 펼치는 열정적이고 극적인 줄거리는 더욱 흥미를 불러일으킨다. 개성이 뚜렷한 펭귄들이 한 팀이 되어 변화를 성공으로 이끌기 때문이다. 각자가 자신의 자리에서 최선을 다해 조직을 위기에서 구하고, 큰 성과를 거둔다는 이야기는 CEO뿐만 아니라 모든 직장인에게 희망의 메시지를 전한다.

이처럼 변화관리란 CEO 혼자의 힘 또는 팀장급 이상의 중간관리자의 힘만으로 이루어지는 것이 아니다. 코터 교수는 이 책을 통해 조직에 몸담고 있는 사람이라면 누구나 변화관리 8단계 모델을 쉽게 활용할 수 있도록 명쾌한 논리를 펼쳐 보이고 있다. 나아가 이 책은 기업이 급변하는 경영환경에 휘둘리지 않고, '변화'를 통해 자신의 자리를 지키거나 발전시킬 수 있는 노하우를 전한다.

이 책에 등장하는 펭귄부족은 삶의 터전인 빙산이 녹고 있다는 악조건 속에서도 희망을 잃지 않고, 스스로 운명에 당당히 맞섰다. 비록 변화관리 8단계 모델에 대한 사전지식이 없었음에도 그들이 보여준 용기와 실행은 이 모델을 어떻게 활용해야 하는지 가장 정확하게 보여주고 있다.

이 책을 읽으면서 여러분은 자신에게 이런 질문을 던질 것이다. '나에게 빙산은 어떤 의미일까? 과연 내 빙산은 안전할까?'

나는 모든 사람이 이 책에서 얻은 통찰력과 실행 아이디어를 동료들과 나누기 바란다. 그리고 이 책을 통해 배운 변화관리에 대한 실천적 노하우를 실제 기업과 조직에 적용해 큰 성과를 거두기를 희망한다.

스펜서 존슨

Our Iceberg is Melting

당신도 변화의 주인공이 될 수 있다!

    그동안 나는 조직의 변화관리를 주제로 여러 권의 책을 써왔다. 그중에서 특히 많은 CEO의 사랑을 받았던 책은 다름 아닌 《기업이 원하는 변화의 리더》와 《기업이 원하는 변화의 기술》이었다. 나는 이 두 권의 책을 쓰기 위해 20여 년간 여러 회사의 성공적인 경영혁신 사례를 분석했다. 그 결과 창안한 것이 바로 '변화관리 8단계 모델'이다.

    변화관리 8단계 모델을 통해 나는 조직의 리더들이 혁신을 추진하는 과정에서 흔히 범하는 잘못된 관행들을 밝혀냈다. 그리고 조직 구성원들을 혁신의 주체로 만들기 위해서는 사실적 데이터나 정보를 활용해서 '설명'하기보다는 누구나 쉽게 호감이 가는 감성으로 '설득'해야 한다는 중요한 사실을 발견해냈다. '논리적 설명'은 머리로는 이해가 가지만 감동을 주기 어렵다. '감성적 설득'은 마음을 움직여 스스로 실천할 수 있는 모티브를 제공해준다. 나의 이러한 논리는 세계의 많은 기업에게 혁신하고자 하는 의지를 불러일으켰고, 실제로 조직에 적용하여 큰 성과를 안겨주기도 했다.

나는 세계 각국에 존재하는 크고 작은 CEO들에게서 변화관리 8단계 모델의 우수성을 인정하는 찬사의 메시지를 받아왔다. 하지만 한편으로 그들은 조직 구성원들과 변화의 필요성을 쉽게 공유할 수 있는 방법을 모색해야 한다는 강한 의지를 표명해왔다. 이 책은 변화와 혁신이 비단 CEO만의 과제가 아니라 조직 전체가 나서서 해결해야 하는 '전사적 차원의 변화관리'라는 점을 부각시키기 위해서 탄생했다.

누구나 어린 시절 안데르센이나 그림형제의 우화를 읽어봤을 것이다. 좋은 우화 한 편은 한 사람의 가치관을 송두리째 흔들어놓으며, 인생을 바꾸기도 한다. 나는 우화의 그러한 학습효과에 주목했다. 이 책은 내가 책을 통해서, 그리고 각종 강연을 통해서 꾸준히 제시해온 변화관리의 모든 것을 펭귄의 입을 빌어 완성한 경영혁신 우화다. 변화관리 8단계 모델을 기본 뼈대로 몇 년간 체득한 교훈을 접목해 누구나 쉽게 읽고, 변화의 열망과 실천 방안을 얻을 수 있도록 구성했다. 그 과정에서 펭귄 우화에 근거한 연구 프로그램을 개발한 홀거 래스거버와 협력한 일은 집필에 큰 도움을 주었다.

변화관리는 이제 최고경영자의 전유물이 아니다. 이 책에 등장하는 프레드는 매우 젊지만, 가장 먼저 조직의 위기를 발견하고는 변화를 가장 선두에서 이끄는 '변화의 주인공'이다. 특히 내가 사랑하는 캐릭터는 버디인데, 그는 비록 야망도 없고 능력도 그저 그런 펭귄이지만 진심 어린 배려와 관심을 통해 많은 사람의 마음을 움직이는 장본인이다.

이 책은 녹고 있는 빙산이라는 절체절명의 위기상황에서 펭귄 부족이 힘을 모아 위기를 극복하고 새로운 빙산을 찾아가는 과정을 생생하게 그리고 있다. 우리 인간세상에 비유하자면, 빙산은 우리가 늘 그곳에 있으리라고 믿었던 직장이나 가족, 사랑하는 사람일 것이다. 그리고 조직에 비유하자면, 현재의 만족할 만한 성과나 안정적인 매출, 지속적으로 발전하는 조직의 미래일 것이다.

누구에게나 위기는 닥칠 수 있다. 그리고 어느 조직이나 붕괴될 수 있다. 다만 그것을 알아채지 못하고 현재에 안주하여 변화를 꾀하지 않는다면, 예정된 시점보다 더 빨리 무너져버리고 말 것이다. 만약 여러분이 이 책의 배경무대인 남극에 대해 잘 알고 있다면, 부분적으로 허구적인 내용이 담겨 있음을 알 수 있을 것이다.

그러나 이 책이 단순한 우화를 뛰어넘어, 여러분의 가슴에 숨겨져 있던 변화를 향한 뜨거운 의지를 확인하게 하고 여러분의 조직이 혁신을 위해 쉼 없는 박동을 하게 할 수 있다는 사실을 기억하기 바란다. 모든 사람이 변화의 주인공이 되기를 바라며, 그리고 이로 인해 자신의 인생에 가장 찬란하고 행복한 순간을 맛보기를 바라며! 마지막으로 모든 기업이 이 책으로 혁신에 성공하기를 바라며!

존 코터

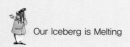

Our Iceberg is Melting

이 책에는 다양한 유형의 펭귄이 등장한다. 그리고 펭귄들은 하나같이 어느 조직에서나 쉽게 볼 수 있는 구성원의 유형과 비슷하다. 한 조직이 지속적으로 성장하고 발전하기 위해서는 구성원에게 비전을 제시하고 전략을 수립하여 일정한 방향으로 이끌어가는 리더가 필요하다. 또한 뛰어난 문제해결력과 창의력으로 끊임없이 아이디어를 제시하는 아이디어맨도 필요하다. 더불어 경영진과 팀원을 연결하여 조화와 협력을 이끌어내고, 개성이 다양한 구성원들이 인간적인 신뢰를 기반으로 강력한 팀워크를 구축할 수 있도록 돕는 중간관리자도 있어야 한다. 여기에 비록 야망은 없지만 주어진 일을 묵묵히 수행하는 책임감이 뛰어난 팀원은 물론, 왕성한 지적 호기심으로 구성원들을 감동시킬 만한 얘기를 들려주는 스토리텔러도 있어야 한다.

이 책은 빙산이 녹고 있는 현실적인 위기에 직면한 펭귄부족이 그것을 극복하고 모두가 행복한 꿈의 빙산으로 이동하는 과정을 그리고 있다. 독자들이 펭귄 우화를 쉽게 이해할 수 있도록 이 책에 등장하는 다양한 펭귄들의 유형별 특성을 간단하게 분석해보고자 한다.

창조적 상상력의 소유자, 프레드

이 책의 주인공으로 호기심이 많고 관찰력과 창의력이 뛰어나다. 프레드는 친구들과 어울려 놀거나 사냥을 즐기기보다 혼자서 다양한 관점으로 빙산을 바라보며 그 변화 과정을 관찰하는 것을 좋아한다. 그리고 관찰 결과를 체계적으로 정리하고 아이디어를 끌어내, 나름의 결론지은 자료를 서류가방에 넣고 다닌다. 덕분에 빙산이 점점 녹고 있다는 위기의 징후를 가장 먼저 발견하고, 그 사실을 펭귄부족에게 알리기 위해서 앞장서서 뛰어든다. 프레드는 필요한 경우 위험을 무릅쓰고라도 과감하게 뛰어드는 용기 있는 펭귄이다.

강력한 실천가, 앨리스

펭귄 열 마리로 구성된 리더십평의회 회원 중 하나로 프레드에게서 빙산이 녹고 있다는 이야기를 가장 먼저 듣게 되는 인물이다. 그리고 위기의 징후를 다른 펭귄들에게 알릴 수 있도록 프레드와 리더십평의회 사이에 다리를 놓아준다. 앨리스는 지위보다는 능력을 중요하게 생각하며, 공격적이지만 강인하면서 치밀하게 일을 처리하는 타입이다. 또한 현실적인 데다 옳다고 생각하는 일은 반드시 관철시키는 뚝심이 있다. 덕분에 앨리스는 프레드에게 가장 강력한 지지자이자 멘토의 역할을 수행한다.

펭귄부족의 리더, 루이스 회장

위기를 기회로 바꿀 줄 아는 강력한 리더십의 소유자 루이스 회장은 리더십평의회 회장으로 경험이 많고 영리하며 차분하다. 그는 가끔 보수적인 성향을 보일 때도 있지만, 펭귄부족이 위기를 극복하고 꿈의 빙산으로 이동하는 과정에서 비전을 제시하며 모든 펭귄의 협동을 이끌어낸다. 갈등 상황이 발생해도 쉽게 당황하지 않고 자신의 주장을 펼쳐 보이는 그는, 펭귄부족의 진정한 리더다.

펭귄선생, 조던

박학다식한 조던은 리더십평의회의 지식인 혹은 펭귄선생으로 통한다. 아는 것이 많은 그는 흥미로운 질문과 그것의 해답을 찾는 과정에 열정적으로 빠져든다.

특유의 분석력과 논리로 문제의 본질에 접근해가는 호기심 많은 펭귄이다. 지적 호기심이 왕성한 조던은 새롭게 발견한 사실을 누구보다도 논리적으로 제시하는 강력한 설득력의 소유자다.

인간적인 스토리텔러, 버디

조용하고 잘생긴 버디는 인간적인 친화력이 있어 누구나 좋아한다. 그는 신뢰를 가장 중요한 덕목으로 꼽을 만큼, 다른 펭귄들과의 관계형성에 관심이 많다. 또한 그는 훌륭한 스토리텔러로서 상심하는 자를 위로하고 억압받는 자를 격려하며 광분하는 자를 진정시키

는 진정한 매너남이다. 야망은 없지만, 유치원 선생님에게 자신
감을 심어주고 그녀의 역할이 얼마나 중요한지를 깨닫게 하는 중
요한 임무를 성실히 수행한다. 특히 어린 펭귄들이 악몽에서 벗
어날 수 있도록 유치원 선생님을 도와준다.

숨은 일꾼, 아만다

기획자그룹에서 가장 열정적이며 열심히
일하는 펭귄이다. 그녀는 루이스 회장이 제
시한 비전 '새로운 생활방식'을 굳게 믿고 비
전을 현실화하기 위해 하루 14시간을 일하
는 강한 의지력의 소유자다. 노노의 반론을
위한 반론과 부정적인 말에 심란해진 남편이
일을 그만두라고 하자 의기소침해진다.

작은 영웅, 샐리 앤

꿈 많은 유치원생인 샐리 앤은 즐거운 축제
에 관한 아이디어로 펭귄부족의 오랜 전통
을 깨뜨리는 데 결정적인 기여를 한다. 또한
친구들이 악몽을 떨쳐낼 수 있도록 밝은 꿈을

심어준다. 샐리 앤은 탐사대 펭귄들에게 '영웅'이라는 메달을 수여하는 행사를 기획하는 등 펭귄부족의 미래를 짊어지고 나갈 차세대 리더의 면모를 갖추고 있다.

무조건 반대자, 노노

펭귄부족의 기상통보관 역할을 하는 뚱보 펭귄이다. 노노라는 이름은 증조할아버지가 노노라서 그렇게 지었다는 얘기도 있고, 다른 펭귄의 의견에 늘 반대 의견을 펼친다는 점에서 '노노(No No)'라고 부른다는 얘기도 있다. 노노의 평소 행동으로 보아 아마도 후자의 얘기가 맞는 것 같다. 그는 펭귄부족 내의 가장 강력한 변화거부자로 모든 펭귄의 의견에 특별한 이유 없이 항상 반대 의견을 펼친다. 특히 프레드의 빙산에 대한 관찰결과와 새로운 빙산으로 이동하자는 변화 주장에 강력하게 반대한다.

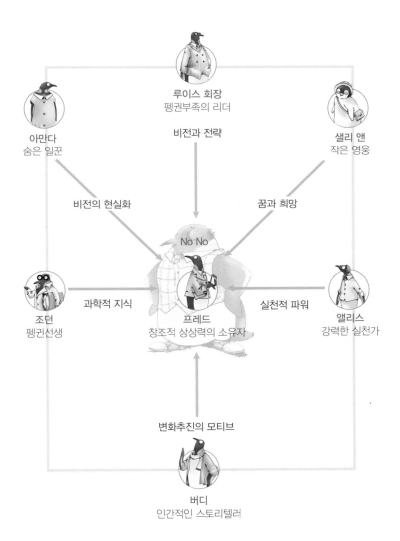

루이스 회장
펭귄부족의 리더

비전과 전략

아만다
숨은 일꾼

샐리 앤
작은 영웅

비전의 현실화

꿈과 희망

No No

과학적 지식

실천적 파워

조던
펭귄선생

프레드
창조적 상상력의 소유자

앨리스
강력한 실천가

변화추진의 모티브

버디
인간적인 스토리텔러

CONTENTS

1 펭귄 프레드, 위기를 감지하다 | 31
위기의 발견

빙산이 언제나 우리의 보금자리일 거라는 편견을 버려!

2 탁월한 실행가, 앨리스와의 만남 | 41
위기의 전달

두 달만 지나면 빙산은 모두 녹아 없어질 텐데……
그전에 막을 수 있는 방법이 없을까?

Our Iceberg is Melting

이 책을 읽기 전에

1. '등장 펭귄 소개'와 각 장에 실린 '펭귄 어록', 그리고 '프레드의 변화관리 노트'는 독자의 이해를 돕기 위해 역자가 추가한 내용임을 밝혀둔다.

2. '해제'는 이 책의 내용을 보충설명하기 위해 역자가 원저자인 존 코터의 《기업이 원하는 변화의 리더》《기업이 원하는 변화의 기술》을 바탕으로 새로 쓴 내용이다.

3. '이 책의 활용법' '저자들과의 대화' '역자의 말'을 최신개정판에 추가했다.

펭귄 프레드,
위기를 감지하다

1

위기의 발견

빙산이 언제나
우리의 보금자리일
거라는
편견을 버려!

옛날 옛적, 꽁꽁 얼어붙은 남극대륙의 한 빙산에 펭귄 부족이 살고 있었다. 먹을 것이 풍부한 바다로 둘러싸인 그 빙산은 긴 세월 그곳에 있었다. 빙산 표면에는 영원히 깨지지 않을 것 같은 거대한 눈벽이 있었고, 그것은 한겨울 매서운 폭풍우가 몰아칠 때 펭귄들의 포근한 안식처가 되어주었다.

전해 내려오는 이야기에 따르면 펭귄은 아주 먼 옛날부터 그 빙산에서 살았다고 한다. 누군가 그곳의 얼음과 눈벽을 발견하기라도 하면 펭귄은 이렇게 말할 것이다.

"이곳은 우리의 보금자리예요."

그 펭귄은 어쩌면 자신이 제법 논리적이라고 생각하며 또 이렇게 말할지도 모른다.

"이곳은 언제까지나 우리의 보금자리가 될 거예요."

펭귄이 사는 곳에서는 흩어지면 생존에 위협을 받게 된다. 따라서 펭귄들은 살아남으려면 무리 지어 다녀야 한다는 것을 일찌감치 터득했고, 그렇게 서로에게 의지하는 법을 배웠다. 때로는 대가족처럼 행동하기도 했다. 그런데 그렇게 무리 지어 살다 보니 좋은 점도 있지만, 한편으로 여러 가지 문제점도 나타났다.

펭귄들은 무척 아름다웠다. 그중에서도 황제펭귄은 17종(種)의 남극펭귄 중에서 가장 컸으며 평생 고고하게 턱시도만 입을 것 같았다.

황제펭귄 무리에는 268마리의 펭귄이 있었다. 그중에 그다지 눈에 띌 만한 행동을 하지는 않지만, 유별나게 호기심 많고 관찰력이 뛰어난 프레드라는 친구가 있었다.

다른 펭귄이 먹을 것을 구하기 위해 바다로 사냥을 가 있는 동안, 프레드는 빙산과 바다를 바라보았다.

평소에 다른 펭귄이 친구나 친척과 어울리며 시간을 보낼 때, 프레드는 혼자 어디론가 가서 무언가를 유심히 관찰한 다음 그것을 수첩에 적어 오곤 했다. 물론 그는 좋은 남편이자 아버지였지만, 친구들과 어울리는 것을 그다지 좋아하지는 않았다.

그렇다고 프레드가 친구들을 싫어한 것은 아니다. 단지 프레드는 자신이 옳다고 판단한 일을 할 뿐이었다. 그러던 어느 날, 그는 자신이 관찰하던 빙산에 변화가 있음을 감지하고 깜짝 놀라고 말았다.

프레드는 자신이 관찰한 내용과 새로운 아이디어, 그리고 주관적인 결론으로 가득 찬 서류가방을 갖고 있었는데, 그 가방 안에 든 정보가 점점 프레드를 불안하게 만들었다. 그 정보는 프레드를 향해 마치 이렇게 외치는 것 같았다.

이 친구가 프레드예요.
빙산을 관찰하고 있어요.

66 빙산이 녹고 있어요.

이제 곧 깨져버릴지도 몰라요! **99**

빙산이 갑자기 산산조각 나버린다면, 펭귄들에게는 분명 커다란 재앙이 될 것이다. 게다가 폭풍우가 몰아치는 겨울에 빙산이 깨지면 문제는 더욱 심각해진다. 상당수의 나이 든 펭귄이나 어린 펭귄이 목숨을 잃을 수 있다. 이런 재앙이 어떤 결과를 낳을지 그 누가 상상할 수 있겠는가. 생각지도 못했던 다른 모든 사건처럼 이러한 재앙에 즉시 대처할 수 있는 방안은 없었다.

프레드는 쉽게 겁을 집어먹는 성격은 아니었지만, 관찰한 것을 검토하면 할수록 용기가 사그라졌다.

프레드는 무언가 조치가 필요하다는 것을 직감했다. 그러나 그는 위기상황을 알리거나 펭귄들이 어떻게 대처해야 하는지를 말해줄 위치가 아니었다. 그는 펭귄부족의 리더그룹에 속하지도 않았고 리더의 아들이나 형제도 아니었다. 더욱이 믿을 만한 빙산 예측가로서 내세울 만한 경력도 없었다.

언젠가 친구 해럴드가 그들의 보금자리가 점점 위험해지고 있다는 말을 꺼냈을 때 주변의 반응이 얼마나 냉담했는지를 떠올린 프레드는 더욱 자신이 없었다. 그때 해럴드는 몇 가지 증거를 수집해 주변을 설득하려 했지만, 고작 이런 반응을 얻었을 뿐이었다.

"해럴드, 걱정이 너무 지나친 거 아냐? 오징어를 좀 먹어봐. 기분이 좋아질 거야."

"빙산이 점점 무너지고 있다고? 해럴드, 50마리의 펭귄에게 동시에 제자리에서 뛰어보라고 해봐. 응? 무슨 일이 일어나는지 그 자리에서 가만히 지켜보라고!"

"해럴드, 관찰력이 뛰어나구나! 하지만 네가 관찰한 내용을 다르게 해석할 수도 있어. 만일 이렇게 가정해본다면……."

어떤 펭귄은 아무 말도 하지 않았지만, 그 표정에선 이미 해럴드를 별종으로 취급하는 기색이 역력했다. 해럴드가 발견한 변화는 미미한 수준이었다. 프레드 역시 그

변화를 감지했지만 해럴드처럼 나서서 얘기할 만한 용기
는 없었다. 분명한 것은 그것이 좋은 변화가 아니었다는
점이다.

프레드는 갑자기 외로움이 밀려오는 것을 느꼈다.

- 지금 직면하고 있거나, 장차 닥쳐올 심각한 위기는 눈앞에 보이
  지 않는다.

- 미온적인 변화가 지속되면 결국 걷잡을 수 없는 위기를 초래할
  수도 있다.

1 혹시 여러분이 몸담고 있는 조직에 해럴드 같은 사람이 있지는 않은가? 만약 있다면 그가 제시한 상황을 육하원칙에 따라 구체적으로 적어보자.

----

2 여러분이 몸담고 있는 조직의 위기는 주로 누가 어떤 방법으로 감지하는 가? 우리 조직의 위기감지 시스템은 어떻게 구축되어 있으며, 어떤 방식 으로 위기에 대응하는지 적어보자.

----

3 조직이나 개인적인 삶에 프레드가 관찰한 빙산의 위기에 견줄 만한 위기 가 있는가? 만일 있다면 개인, 부서나 팀, 조직 전체 차원으로 분류해서 그 상황을 파악해보자.

탁월한 실행가,
앨리스와의 만남

2

위기의 전달

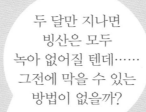

두 달만 지나면
빙산은 모두
녹아 없어질 텐데······
그전에 막을 수 있는
방법이 없을까?

✳

　펭귄부족에는 부족을 이끄는 리더십평의회가 있었다. 리더십평의회는 회장을 중심으로 열 마리의 펭귄으로 구성된 '리더그룹'이었다. 그 열 마리의 리더 중에 일처리 잘하기로 유명한, 강인하고 현실적인 앨리스가 있었다. 주위 펭귄에게 무관심한 몇몇 동료와 달리 앨리스는 다른 펭귄들과 무척 가깝게 지냈다.

　프레드는 앨리스라면 다른 펭귄들처럼 자신의 얘기를 그냥 무시해버리지는 않을 것이라고 생각했다. 그래서 그는 앨리스를 만나러 갔다. 앨리스와는 이전부터 잘 알고 지내던 사이였으므로 미리 약속을 하고 갈 필요는 없었다. 프레드는 자신이 관찰한 내용과 그것이 펭귄부족에게 미칠 영향을 앨리스에게 털어놓았다. 그녀는 프레

드의 말을 귀담아듣긴 했지만, 사실 프레드
에게 무슨 문제가 있는 것은 아닌가 하는
생각이 들었다. 그래도 프레드와 가까
운 사이였던 앨리스는 그의 말을 무시
하지는 않았다. 대신, 의혹이 짙은
목소리로 이렇게 말했다.

"함께 가볼래요? 당신이 말하
는 그 문제를 내 눈으로 직접 보고 싶어요."

그러나 프레드가 문제가 있다고 판단한 곳은 빙산의
표면이 아니라, 수면 아래쪽의 보이지 않는 곳에 있었다.
따라서 빙산이 녹고 있는 모습과 그것이 주변에 어떤 영

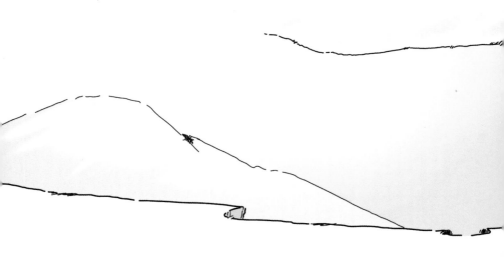

향을 미치는지를 두 눈으로 확인하기는 힘들었다. 프레
드는 그 사실을 지적해주었다. 그래도 앨리스는 별 상관
없다는 듯 이렇게 말했다.

"좋아요, 좋아. 일단 가보죠."

바닷속에는 방심을 틈타 펭귄을 잡아먹으려는 바다표
범과 범고래가 숨어 있기 때문에 물속에 들어갈
때는 조심해야 하는 것이 오랜 습성이었
다. 그래서 프레드와 앨리스도 바닷
속으로 첨벙 들어가면서 본능
적으로

함께 가볼래요?
내 눈으로 직접
보고 싶어요

경계심을 늦추지 않았다.

빙산 아래로 내려간 프레드는 빙산이 녹아 생긴 균열과 더불어 여러 가지 나쁜 징후를 보여주었다. 앨리스는 지금까지 그러한 징후를 알아채지 못했기 때문에 더 크게 놀라고 말했다.

프레드가 빙산 아래에 뚫린 커다란 구멍으로 들어가자 앨리스도 따라갔다. 그들은 넓이가 몇 미터나 되는 수로를 거쳐 얼음 가운데로 깊숙이 헤엄쳐 들어갔다. 그러자 갑자기 물이 가득 찬 커다란 동굴이 나타났다.

앨리스는 눈앞에 펼쳐진 광경을 애써 이해하는 척했지만, 사실 그녀는 빙산에 대해 아는 것이 전혀 없었다.

프레드는 그녀가 당혹스러워하는 모습을 보았다. 이윽고 빙산 표면으로 올라오자 프레드는 지금까지의 상황을 자세히 설명해주었다.

"간단히 말씀드리자면 우리가 살고 있는 빙산은 단순한 얼음덩어리가 아니에요. 빙산 안쪽에는 균열이 생길 수 있어요. 그것을 흔히 수로라고 하죠. 그 수로가 연결된 바로 이 부분이 빙산의 동굴이에요. 빙산이 많이 녹아내

리면 녹아내릴수록 수로와 동굴에 물이 차게 되죠. 추운 겨울이 되면 물로 가득 찬 좁은 수로가 먼저 빠르게 얼어붙고, 기온이 점점 더 내려가면 동굴 속의 물도 얼어붙게 되지요. 액체가 얼면 부피가 갑자기 커지니까 빙산이 견디지 못하고 조각조각 깨질 수 있는 거예요."

얼마 지나지 않아 앨리스는 프레드가 심각하게 걱정하고 있었던 이유를 이해할 수 있었다. 무엇보다 분명한 것은 현재 빙산이 안전하지 않다는 점이었다.

앨리스는 동요했지만, 그것을 내색하지 않았다. 대신 마치 자신에게 다짐을 하듯 연달아 얘기를 쏟아냈다.

"이 문제는 좀 더 두고 본 후, 리더십평의회 동료들과 얘기해봐야겠어요."

그녀는 이미 어떻게 해야 할지 계획을 세우고 있었다.

"당신의 도움이 필요할 거예요."

앨리스가 프레드에게 말했다.

"다른 펭귄들이 문제가 무엇인지 보고 느낄 수 있도록 준비해줬으면 좋겠어요."

앨리스는 잠시 쉬었다가 말을 이었다.

"어떤 펭귄은 문제 자체를 보려고 하지 않을지도 몰라요. 그런 태도에도 대비하는 게 좋을 거예요."

앨리스는 프레드에게 잘 가라는 인사를 했다. 프레드는 자신이 관찰한 내용을 앨리스에게 알린 것만으로도 안도의 한숨을 내쉬었지만, 다른 한편으로는 불안한 기분이 가시질 않았다.

위기를 공유했다는 사실은 좋았지만, 아직 어떠한 해결책도 찾지 못했으며 "준비해줬으면 좋겠다", "어떤 펭귄은 문제 자체를 보려고 하지 않을지도 모른다"라는 앨리스의 말이 마음에 걸렸다.

끔찍한 겨울은 이제 두 달 뒤면 찾아올 터였다.

- '백지장도 맞들면 낫다'라는 속담처럼 위기도 맞들면 낫다.
- 어느 조직에나 약 20퍼센트의 사람들은 언제나 위기를 감지하고 공감할 준비가 되어 있다. 당신과 뜻을 같이할 멘토는 당신 가까이에 있음을 명심하라.

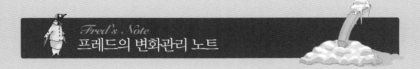

1 지금 여러분이 몸담고 있는 조직에 앨리스 같은 사람이 있다면, 그 사람이 구체적으로 어떤 역할을 수행하고 있는지 자세히 적어보자.

....

....

....

2 당신이 만일 앨리스라면, 프레드와 관찰한 수로를 보고 어떤 반응을 보였을 것인가? 긍정적 반응과 부정적 반응으로 나눠 적어보자.

....

....

....

3 위기는 최고경영자가 발견할 수도 있지만 관리자나 팀원이 먼저 알아채는 경우도 있다. 우리 조직의 위기전달 방식은 어떠한가?

....

....

....

Our Iceberg is Melting

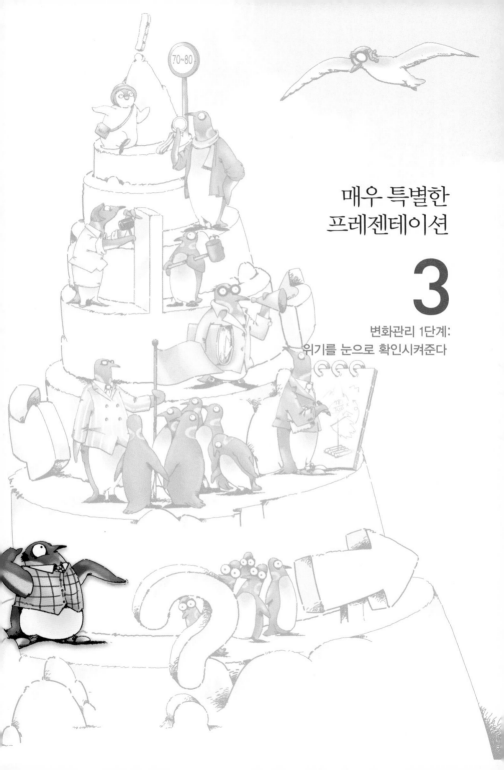

매우 특별한
프레젠테이션

3

변화관리 1단계:
위기를 눈으로 확인시켜준다

유리병이 깨지듯,
우리의 보금자리도
산산이 부서지고
말 거예요!

앨리스는 며칠 동안 루이스 회장을 비롯한 모든 리더십평의회 회원을 만났다. 그리고 며칠 전에 프레드와 함께 갔던 곳으로 가보자고 제안했다. 대부분 그녀의 말을 귀담아들었지만, 예상했던 대로 그녀의 제안에 회의적인 태도를 보였다. 그들은 '앨리스에게 무슨 문제라도 생겼나? 혹시 남편과 다툰 건 아닐까?'라고 생각했다.

앨리스가 만난 펭귄 중에서 빙산의 수면 밑에 뚫린 어두컴컴한 동굴 속으로 함께 가보자는 제안을 따르는 펭귄은 하나도 없었다. 일부 평의회 회원은 다른 중요한 일로 바쁘다며 앨리스를 만날 시간조차 내주지 않았다.

그들이 바쁘게 매달리고 있는 사건이란 이런 거였다.

B라는 펭귄이 A라는 펭귄이 내는 시끄러운 소리에 짜

증이 나서 A의 등 뒤에서 얼굴을 찌푸렸는데, A가 B를 고소한 것이다. 하긴 펭귄은 본래 얼굴을 찡그릴 수 없는 종으로 태어난 터라, 생각해보면 상당히 까다로운 사건 이긴 하다.

또한 그들은 주간회의 시간을 두 시간으로 할 것인지, 아니면 두 시간 30분으로 할 것인지를 놓고 격렬하게 토론했다. 재잘거리기 좋아하는 펭귄과 그렇지 않은 펭귄에게 이것은 매우 중요한 문제였다.

앨리스는 루이스 회장에게 다음 회의 때 프레드를 초대해서 프레젠테이션할 기회를 주고 그의 의견을 들어보자고 제안했다.

루이스 회장은 별 관심은 없는 듯했지만, 최대한 앨리스를 배려하고 있다는 태도를 보이며 이렇게 말했다.

"당신의 얘기를 들어보니 프레드라는 친구가 무슨 말을 할지 무척 기대되는군요."

하지만 루이스 회장은 리더십평의회 회의에서 얼굴조차 잘 알려지지 않은 프레드에게 프레젠테이션할 기회를

줄 생각이 없었다. 그 사실을 알아챈 앨리스는 "물론 위험부담은 인정하지만, 그래도 지금껏 회장님께서는 우리 부족의 일이라면 뭐든지 앞서서 해결해주셨잖아요"라며 그를 끈질기게 설득했다. 앨리스의 아부에 기분이 좋아진 루이스 회장은 그녀의 제안을 받아들였고, 결국 프레드를 리더십평의회 회의에 초대했다.

프레드는 프레젠테이션을 위해 보금자리의 크기가 얼마나 줄어들었는지를 비롯하여 수로와 물로 가득 찬 동굴, 빙산이 녹아서 생긴 균열 등에 대한 통계수치를 준비했다. 그러나 몇몇 나이 든 펭귄에게 리더십평의회에 대해 물어본 결과, 다음과 같은 사실을 알게 되었다.

1. 리더십평의회 회원 중 두 펭귄은 어떤 통계든 그 타당성을 따지며 장시간 논쟁하는 것을 좋아한다. 이들은 회의 시간을 연장하기 위해 로비활동을 벌이는 가장 수다스러운 펭귄들이다.

2. 한 펭귄은 통계수치를 따분하게 여겨 프레젠테이션에서 통계가 발표될 때 보통 잠을 자거나 졸고 있다. 이 펭귄이 한번 코를 골면 회의가 불가능할 정도로 시끄럽다.

3. 또 다른 펭귄은 숫자에 약하다. 하지만 그 사실을 숨기려고 고개를 심하게 끄덕이며 아는 체를 한다. 이 펭귄이 한번 고개를 끄덕이면 다른 펭귄에게 방해가 될 정도이고 회의 분위기가 썰렁해지며 심지어 말다툼이 일어나기도 한다.

4. 리더십평의회 회원 중 두 펭귄은 어떤 내용이든 다른 사람의 말을 듣고 싶어 하지 않는다. 그들은 자신이 해야 할 일은 듣는 것이 아니라 말하는 것이라고 생각한다.

프레드는 심사숙고한 끝에 이번 프레젠테이션을 좀 더 색다르게 해보기로 결정했다.

우선 프레드는 펭귄들이 살고 있는 빙산의 모형을 만들었다. 그것은 진짜 얼음과 눈으로 만든 4×5피트짜리

빙산으로, 손도 손가락도 없는 프레드에게 그 일은 결코 쉬운 작업이 아니었다.

작업을 마친 프레드는 완성된 모형이 완벽하지 않다는 생각이 들어서 앨리스에게 모형을 보여주며 조언을 구했다. 그랬더니 앨리스는 그것이야말로 리더들이 문제를 직시할 수 있는 훌륭한 방법이라며 매우 창의적이라고 프레드를 격려했다.

회의 전날 밤, 프레드와 그의 친구들은 리더십평의회 회의가 열리는 곳으로 빙산 모형을 옮기기 시작했다. 불행히도 회의 장소는 빙산의 꼭대기에 있었다. 빙산 언덕의 중간쯤 왔을 때 펭귄들의 투덜거림이 쏟아졌다.

"내가 왜 이런 일을 해야 하지?"

이것은 펭귄들의 불평 중에서 가장 신사적인 것에 속했다.

펭귄들이 실제로 입을 삐죽 내민 채 투덜거릴 수 있었다면, 아주 볼 만한 광경이 연출되었을 것이다.

다음 날, 프레드가 약속 장소에 도착했을 때 펭귄부족

의 리더들은 이미 빙산 모형 주위에 서 있었다. 어떤 펭귄은 활발하게 논의 중이었고, 또 다른 펭귄은 어리둥절한 표정을 지었다.

앨리스는 펭귄들에게 프레드를 소개했다.

곧이어 루이스 회장이 평소처럼 회의를 시작했다.

"프레드, 당신이 도대체 무엇을 발견했는지 한번 들어보고 싶군요."

프레드는 공손하게 인사했다. 그는 루이스 회장과 일부 회원의 마음이 열려 있음을 느낄 수 있었다. 다른 펭귄들은 중립적인 입장인 듯했다. 또한 몇몇 펭귄은 뭔가 의심스러운 표정을 지었으며, 그것을 굳이 숨기려 들지도 않았다.

잠시 침묵하며 생각을 모은 프레드는 용기를 내서 자신이 발견한 것을 설명하기 시작했다. 우선 그들의 보금자리를 연구하기 위해 고안해낸 방법을 이야기했다. 그런 다음 상황이 악화된 것, 그러니까 빙산에 수로와 물로 가득 찬 커다란 동굴이 생긴 것을 어떻게 발견하게 되었는지를 설명했다. 그 모든 것은 빙산이 녹아내려 생긴 일이었다.

그는 빙산 모형을 이용해서 펭귄들의 관심을 집중시키고, 자신이 발견한 내용을 침착하게 설명했다. 평의회 회원은 한 펭귄을 제외하고 모두 모형 가까이에 계속 머물러 있었다.

프레드는 모형 구조물의 절반에 해당하는 윗부분을 떼어내 커다란 동굴을 보여주었고, 그것이 얼마나 치명적인 영향을 미칠 수 있는지 설명해주었다. 평의회 회원들은 깊은 침묵에 잠겼다. 어찌나 조용했던지 만약 눈이 내렸다면 눈송이가 땅에 떨어지는 소리까지 들렸을 것이다.

이윽고 프레드의 설명이 끝났다. 앨리스는 다음과 같이 말하며 회의를 이끌어갔다.

"저는 이 모든 것을 직접 보았어요. 물로 가득 찬 동굴은 어마어마한 크기입니다. 가히 위협적이라 할 수 있죠. 이것 말고도 다른 재앙의 징후도 보았어요. 이 모든 것이 빙산이 녹아내려 생긴 일입니다. 더 이상 이런 상황을 방

치해서는 안 됩니다.”

몇몇 펭귄이 고개를 끄덕였다.

리더십평의회 회원 중에 노노라는 나이 지긋한 뚱보 펭귄이 있었다. 기상통보관으로 그의 이름에 관한 두 가지 유래가 전해졌다. 하나는 노노의 증조할아버지 이름이 노노였다는 것이고, 다른 하나는 노노가 아기였을 때 처음으로 한 말이 ‘마’나 ‘빠’가 아니라 ‘노노(No No)’라 그런 이름이 지어졌다는 것이다.

노노는 기상예보가 잘못되었다고 욕을 먹는 일에는 익숙해져 있었지만, 빙산이 녹고 있다는 이번 안건은 그의 역량 밖이었다. 그럼에도 그는 자신의 감정을 조절하지 못한 채 큰 소리로 말했다.

“저는 일정 기간마다 기후를 관측하여 그것이 빙산에 미치는 영향을 정기적으로 보고해왔습니다. 예전에도 말씀드렸지만, 더운 여름에 빙산이 녹는 현상은 흔히 있는 일입니다. 그러나 겨울이 되면 모든 것이 정상으로 돌아오죠. 프레드가 발견한 것은 전혀 새로운 사실이 아닙니다. 그러니 걱정할 필요가 없어요. 우리 빙산은 단단하고

엄마, 아빠라고 말해야지!

튼튼해서 이 정도의 변화에는 끄떡없어요!"

말 한 마디 한 마디를 할 때마다 노노의 목소리는 점점 커졌다. 만약 펭귄의 얼굴이 달아오를 수 있다면 노노의 얼굴은 아마도 시뻘겋게 변했을 것이다.

노노는 몇몇 펭귄이 자기편으로 돌아서고 있음을 보면서 프레드를 가리키며 소리쳤다.

"이 햇병아리가 빙산이 녹아 수로가 생겼다고 하지만, 그렇지 않을지도 몰라요. 또 올겨울에 수로가 얼고 커다란 동굴에 가득 찬 물도 얼어버릴 거라고 하는데, 안 그럴지 모르죠! 물이 얼면 부피가 커진다는 말도 틀린 것일지 몰라요! 그리고 설사 이 친구의 말이 모두 사실로 밝혀진다 해도, 우리가 살고 있는 빙산이 동굴의 얼어버린 물로 산산조각이 나버릴 만큼 약하다고 생각하세요? 그의 말은 터무니없는 추측에 불과해요! 저 작자는 두려움을 확산시키고 있다고요!"

노노는 잠시 쉬었다가 다른 펭귄들을 바라보았다. 노노는 결정타를 노리며 큰 소리로 이렇게 말했다.

"과연 저자가 제시한 통계수치와 결론이 100퍼센트

정확하다고 보장할 수 있을까요?"

펭귄 네 마리가 그의 말에 수긍하는 듯 고개를 끄덕였다. 한 펭귄은 노노처럼 흥분해 있었다.

앨리스는 마음을 가다듬고는 따뜻한 미소를 지으며 프레드를 바라보았다. 마치 이렇게 말하는 것 같았다.

'다 잘되고 있다(사실은 그렇지 못했다). 너는 잘할 수 있다(이건 확실하지 않았다). 그냥 밀고 나가되 차분하게 답하라(만약 앨리스였다면 이건 어려운 일이다. 그 순간 '노노, 저 바보 멍청이!'라고 소리 지르고 싶었으니까).'

프레드는 아무 말도 하지 않았다. 앨리스가 또다시 쳐다보자, 프레드는 잠시 주저하더니 정직하게 말했다.

"지금까지 말씀드린 내용이 100퍼센트 사실이라고 보장할 수는 없습니다. 하지만 빙산이 녹아 산산조각 나면 이미 늦습니다. 그때는 겨울이라 더 힘들어질 겁니다. 밤낮으로 어두컴컴하고 끔찍한 폭풍우가 몰아쳐 우리를 힘들게 할 테니까요. 많은 펭귄이 목숨을 잃을지도 모릅니다."

프레드 근처에 서 있던 두 펭귄은 공포에 사로잡힌 것 같았다. 프레드는 그 펭귄들을 바라보며 말했다.

"그렇게 될 거라고 생각하지 않으세요?"

앨리스는 대부분의 리더십평의회 회원이 여전히 회의적인 것을 보고 굳은 표정으로 노노에게 말했다.

"빙산이 녹아 아이를 잃은 부모가 있다고 생각해보세요. 그들이 우리에게 무슨 말을 할지 생각해보라고요. 그들이 '어떻게 이런 일이 일어날 수 있죠? 당신들은 대체 무얼 하고 있었나요? 왜 이런 일을 예측하지 못했죠? 우리 부족을 보호하는 게 당신들 일이잖아요!'라고 따지고 들면 뭐라고 대답하실 건가요? '죄송합니다. 이런 일이 일어날지도 모른다는 얘기는 들었지만, 100퍼센트 믿을 만한 정보가 아니었거든요'라고 말씀하실 건가요?"

앨리스는 펭귄들이 자신의 말을 곰곰이 생각해볼 수 있도록 잠시 쉬었다가 말을 이었다.

"아이를 잃은 부모가 말로 표현할 수 없을 만큼 엄청난 고통에 빠진 채 우리 앞에 서 있다면 우리는 과연 무슨 말을 할 수 있을까요? 이런 비극이 일어나지 않길 바랐다고 이야기할 생각인가요? 100퍼센트 확실하지 않아 행동할 수 없었다고 말할 겁니까?"

다시 한 번 깊은 침묵이 흘렀다. 앨리스는 겉으로는 품위 있게 행동했지만, 속으로는 너무 화가 나서 빙산 모형을 노노에게 던져버리고 싶은 심정이었다.

루이스 회장은 분위기가 바뀌고 있음을 눈치채고는 이렇게 말했다.

"프레드의 말이 사실이라면 만일의 사태에 대비할 수 있는 시간이 두 달밖에 남지 않은 셈이군요."

또 다른 리더가 말했다.

"리더십평의회 회원으로 특별위원회를 구성해 상황을 분석하고 해결책을 찾아보는 게 좋겠어요."

다수의 펭귄이 동의의 표시로 고개를 끄덕였다.

어떤 펭귄은 이렇게 말했다.

"맞아요. 하지만 부족의 일상생활에 영향이 없도록 최선을 다해야 해요. 지금은 어린 펭귄들이 먹이를 많이 먹고 자랄 때이므로 분위기를 혼란스럽게 만드는 것은 좋지 않아요. 현명한 해결책이 나올 때까지 지금의 상황을

비밀로 하는 게 좋겠어요."

그러자 앨리스가 단호하게 말했다.

"어떤 문제가 생겼을 때, 위원회를 구성해서 쓸데없는 소문이 돌지 않도록 하는 것은 우리가 평상시에 써왔던 방법이에요. 하지만 그런 방법으로 문제가 해결된 적이 있었나요? 게다가 지금은 그런 평상시 문제와는 차원이 다릅니다."

펭귄들은 앨리스를 쳐다보았다. 그녀에게 직접 물어보진 않았지만, 표정은 마치 이렇게 묻는 듯했다.

'대체 어디까지 밀어붙일 작정이지?'

앨리스가 계속 말했다.

"즉시 부족총회를 소집해서 가능한 한 많은 펭귄에게 중대한 문제가 생겼음을 알려야 해요. 그리고 될 수 있는 대로 많은 펭귄을 우리 편으로 만들어 해결책을 함께 찾아봐야 해요."

펭귄들은 보통 절제된 행동을 보인다. 특히 회의에 참석한 리더십평의회 회원들은 더욱 그렇다. 그러나 지금은 몇몇 펭귄이 너무 흥분한 나머지 모두들 동시에 말하기 시작했다.

"부족총회라고!"

"위험이……."

"그런 적이 전혀……."

"겁나게……."

"아냐, 아냐, 아냐……."

"그러면 뭐라고 말해야 하지?"

그다지 보기 좋은 광경은 아니었다.

"저한테 좋은 생각이 있어요."

프레드가 조심스럽게 말했다.

"잠시만 기다려주시겠어요? 그리 오래 걸리진 않을 거예요."

펭귄들은 아무 말도 하지 않았다. 프레드는 침묵을 긍정의 의미로, 아니 적어도 반대하지 않는 것으로 받아들였다.

쏜살같이 언덕 아래로 내려간 그는 원하던 물건을 찾아 다시 위로 올라왔다. 리더십평의회 회원들은 또다시 이런저런 의견들을 쏟아내고 있었다. 프레드가 유리병을 들고 오자 그들은 일제히 입을 다물었다.

"이게 뭐죠?"

앨리스가 물었다.

"저도 잘 몰라요."

프레드가 말했다.

"지난여름에 제 아버지가 빙산 끝에 밀려와 있는 이 물건을 발견했지요. 언뜻 보기에 얼음 같지만, 얼음으로 만들어진 것은 아니에요."

프레드는 부리 끝으로 유리병을 쪼아댔다.

"얼음보다 훨씬 단단하죠. 이 위에 앉아 있으면 따뜻해지지만 녹지는 않아요."

펭귄들은 모두 프레드를 쳐다보았다.

"그런데요……?"

"이 안에 물을 가득 채워 구멍을 막은 후 차가운 바람이 부는 곳에 놓아둡시다. 아마도 안에 있는 물이 얼면서 부피가 팽창할 겁니다. 내일이면 그 힘으로 인해 이 물건이 깨지는지 안 깨지는지 알 수 있을 거예요."

Our Iceberg is Melting

프레드는 펭귄들이 자신의 제안에 동의하자 잠시 쉬었다가 다시 말을 이었다.

"만약 이 물건이 깨지지 않는다면 서둘러 부족총회를 소집하지 않아도 될 겁니다."

앨리스는 프레드의 아이디어가 그럴싸하다는 생각은 들었지만, 어딘지 모르게 불안했다.

'위험부담이 있는걸. 이 친구는 대체 영리한 거야, 아니면 엉뚱한 거야?!'

노노는 뭔가 계략이 있을 거라 생각하고 의혹의 눈길을 보냈지만, 프레드를 저지할 만한 별다른 방법이 없었다. 어쩌면 저 어리석은 행동은 제풀에 지쳐 끝나버릴지도 모를 일이었다.

루이스 회장은 별말이 없는 노노를 바라본 후 결단을 내렸다. 그는 펭귄들에게 말했다.

"좋습니다. 프레드의 아이디어를 따라봅시다."

루이스 회장은 유리병에 물을 담은 후, 꼭 맞는 크기의 물고기 뼈로 구멍을 막았다. 그런 다음 버디라는 펭귄에게 그것을 건네주었다. 조용하고 잘생긴 버디는 모든 펭권이 좋아하고 신뢰하는 인물이었다.

　그것을 끝으로 펭귄들은 모두 흩어졌다.

　프레드는 필요할 경우 위험을 무릅쓰고 승부수를 던지는 경향이 있다. 그로 인해 스트레스를 받거나 신경이 곤두서는데도 말이다. 그날 밤 그는 잠을 제대로 이루지 못했다.

　다음 날 아침, 버디가 언덕 위로 오르면서 위를 보니 다른 펭귄들이 모두 그를 기다리는 것이 보였다. 이윽고 버디가 언덕 꼭대기에 도착하자 펭귄 하나가 물었다.

　"어떻게 됐어요?"

　버디는 유리병을 보여주었다. 그것은 분명 깨져 있었다. 얼음의 부피가 커지면서 유리병 안의 공간이 부족했던 것이다. 버디가 펭귄들에게 말했다.

　"프레드의 말에 일리가 있어요."

　그 후, 펭귄들은 30분간 나름대로 의견을 쏟아내며 재잘거렸다. 두 마리의 펭귄을 제외하고 모두 어떤 조치를 취해야 한다고 말했다. 그 두 마리 중 하나는 물론 노노

Our Iceberg is Melting

였다.

노노는 인상을 찌푸리며 말했다.

"이것만 보고 어떻게 프레드의 말이 전적으로 옳다고 할 수 있죠?"

하지만 펭귄들은 그의 말에 거의 관심이 없는 듯했다.

루이스 회장이 말했다.

"다른 펭귄들에게 총회가 있을 거라고 말합시다. 총회 의제에 대해서는 아직 말하지 마시고요."

부족의 펭귄들은 총회를 여는 이유가 무엇인지 궁금했다. 하지만 루이스가 리더십평의회 회원들의 입을 단단히 단속했기 때문에 의제는 비밀에 싸인 채 부족 내에서는 흥미와 긴장감만 더해갔다.

드디어 어른 펭귄들이 거의 다 모였다. 그들은 쉼 없이 재잘거렸다. 대부분의 화제가 빙산의 일상생활에 관한 것이었다.

"펠릭스가 요즘 살이 찌고 있어. 물고기를 그렇게 많이 먹으면서 운동을 안 하더니!"

"그 물고기를 어디서 다 구한대요?"

"거참, 좋은 질문이네."

루이스 회장은 회의를 시작했고, 재빨리 앨리스에게 발언권을 넘겼다.

그녀는 프레드와 함께 수면 아래의 빙산을 살펴보았는데, 빙산이 녹아내린 여러 가지 징후가 나타났으며 물로 가득 찬 동굴이 있었다는 얘기를 했다. 이어 프레드가 빙산의 모형을 보여주며 빙산이 녹아내리면 어떤 위험이 생기는지 설명해주었다. 버디는 유리병 이야기를 들려주었다.

마지막으로 루이스 회장이 지금은 함께 행동에 나설 때이며, 아직 어떻게 해야 할지 확실치는 않지만 적절한 방법을 찾아낼 것을 확신한다고 말하며 회의를 마쳤다.

회의 중에 펭귄들은 빙산 모형과 구멍을 막은 유리병을 가까이서 본 후 프레드와 앨리스에게 여러 가지 질문을 했다. 열띤 토론이 오갔고, 그러다 보니 회의는 오전 내내 계속되었다.

펭귄들은 그 엄청난 소식에 어리둥절한 상태였다. 평

소에 어떤 말을 듣든 "맞아요, 그런데……"라고 나름의 논리를 들이대며 조목조목 따지던 펭귄들도 아연실색했다. 매사를 긍정적으로 받아들이며 행복해하던 펭귄들의 모습은 온데간데없었다.

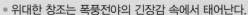

- 위대한 창조는 폭풍전야의 긴장감 속에서 태어난다.
- 위기는 위험과 기회라는 두 얼굴을 지니고 있다. 위험 속에는 반드시 기회라는 서광의 빛이 숨겨져 있다.

프레드의 변화관리 노트

1 조직에 노노 같은 사람이 존재한다면, 그의 주장에 어떤 방법으로 반론을 제기해 변화추진 과정에 동참시킬 것인가?

2 여러분이 속해 있는 조직의 변화를 가로막는 장벽은 무엇인가? 그 장벽이란 노노처럼 자만심과 오만에서 오는 심리적 장벽일 수도 있고, 새로운 변화추진을 방해하는 전통적인 관례나 관습, 기존의 제도적 장벽일 수도 있다.

3 개인 차원에서 변화를 가로막는 장벽은 무엇인가? 특히 심리적 장벽에 초점을 맞췄을 때, 그것은 구체적으로 어떤 장벽인가?

4 앨리스는 프레드에게 호의적이며 전폭적인 지원을 아끼지 않는 동료이자 멘토다. 조직 내에서 앨리스의 임무와 역할은 무엇이며, 현재 여러분의 조직에서는 누가 앨리스 역할을 맡고 있는가?

----

5 프레드는 자신의 빙산 위기설을 많은 사람이 공감할 수 있도록 다양한 전략과 방법을 채택했다. 만약 여러분의 조직이 현재 빙산의 위기 같은 어려움에 처해 있다면 여러분은 구체적으로 어떤 논리와 접근방법을 채택할 것인가?

Our Iceberg is Melting

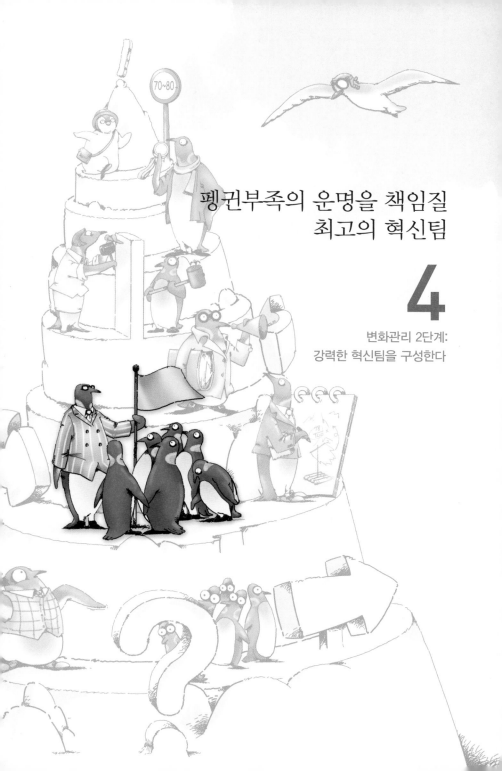

펭귄부족의 운명을 책임질
최고의 혁신팀

4

변화관리 2단계:
강력한 혁신팀을 구성한다

루이스의 리더십,
앨리스의 실행력,
버디의 인간미,
프레드의 창의력,
그리고 나 조던의
논리!

❄

다음 날 아침, 루이스 회장은 앨리스, 프레드, 버디, 그리고 조던이라는 펭귄을 빙산 북서쪽의 조용한 곳으로 불러냈다. 박학다식한 조던은 리더십평의회에서 '펭귄선생'으로 불리고 있었다. 빙산에 대학이 있었다면, 아마도 조던은 그 대학의 명예교수가 되었을 것이다.

루이스 회장이 말했다.

"우리 부족에는 이 난관을 극복하도록 인도해줄 혁신팀이 필요합니다. 나 혼자의 힘으로는 부족해요. 내 생각으로는 여기 모인 펭귄들이 최적의 팀을 이룰 수 있을 것 같아요."

앨리스는 언제나 그렇듯 가볍게 고개를 끄덕였다. 버디는 당황한 듯했다. 프레드는 자신처럼 젊은 펭귄이 팀원에 포함되었다는 사실에 놀랐다.

펭귄부족의 운명을 책임질 최고의 혁신팀

펭귄선생 조던이 먼저 입을 열었다.

"왜 우리 다섯이 잘해낼 거라고 생각하는 거죠?"

루이스 회장은 평소처럼 차분한 태도로 고개를 끄덕일 뿐, 아무 말이 없었다. 그의 침묵이 길어질수록 앨리스는 점점 초조해졌다. 만약 그녀에게 시계가 있었다면 발을 동동 구르며 그것만 쳐다보았을 것이다.

"적절한 질문입니다."

한참이 지난 후에 루이스 회장이 말했다.

"펭귄선생, 우리 다섯을 좀 보세요. 그리고 우리 각자의 강점을 머릿속에 그리며 목록을 한번 만들어보십시오. 그다음 제게 했던 질문에 스스로 답을 구해보세요."

루이스 회장은 펭귄선생과 얘기할 때를 제외하고는 이런 식으로 말하는 법이 없었다.

조던은 시선을 돌려 수평선 쪽을 바라보았다. 여러 가지 생각이 그의 뇌를 번뜩이며 지나갔는데, 만약 그의 생각을 읽을 수 있다면 대충 이런 내용이었을 것이다.

루이스 회장 경험이 많아 현명하고 차분함. 약간 보수적임. 쉽게 당황하지 않음. 노노와 청소년을 제외하고 거의 모든 펭귄의 존경을 받고 있음. 뛰어난 지식인이라고 할 수는 없지만 매우 영리함.

 앨리스 실리적이고 공격적임. 일을 만들어서 하는 실행가 스타일. 지위에 신경 쓰지 않고 모든 펭귄을 똑같이 대함. 그녀에게 협박 같은 것은 먹히지 않으니 시도하지도 말 것. 역시 영리하지만 뛰어난 지식인은 아님.

 버디 잘생기고 조용함. 전혀 야망이 없음. 다른 펭귄들이 신뢰하고 인기가 많음. 그의 순진무구함과 괜찮은 외모, 유려한 화술에 비추어볼 때 아마 누구라도 이 친구를 좋아할 것 같음. 뛰어난 지식인이 절대 아님.

펭귄부족의 운명을 책임질 최고의 혁신팀

프레드 젊고 놀라울 정도로 호기심이 많으며, 관찰력과 창의력이 뛰어남. 분별력이 있고 말솜씨가 좋음. 그의 지능을 판단할 만한 데이터가 부족하지만 매우 뛰어난 지식인에 속함.

 조던 매우 논리적이고 박식함. 흥미로운 질문에 흠뻑 빠짐. 사교성이 뛰어난 편은 아님. 왜 모두들 사교적인 펭귄이 되려고 하는지 이해할 수 없음.

＊ 결론적으로 회장이 A, 앨리스가 B, 버디가 C, 프레드가 D, 내가 E라고 한다면, A+B+C+D+E는 분명 강력한 팀이 될 것임.

펭귄선생은 루이스 회장 쪽으로 돌아서서 말했다.

"회장님의 말씀은 상당히 논리적입니다."

펭귄선생의 말을 알아듣지 못한 버디는 어리둥절한 표정을 지었지만, 신뢰하는 루이스 회장이 곁에 있어 다소

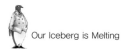

안심하는 듯했다. 앨리스는 루이스 회장의 신중한 행동에 초조함이 좀 가라앉았다.

프레드는 펭귄선생이 무슨 생각을 하고 있는지 가늠할수가 없었다. 하지만 앨리스와 루이스 회장처럼, 상황이 올바르게 진행되고 있다는 느낌은 들었다. 또한 이렇듯 유능한 선배 펭귄들과 함께 일한다는 생각에 특혜를 받은 느낌이었다.

루이스는 온화하게 말했다.

"나도 조던의 생각에 동의해요. 하지만 혹시 우리 다섯명이 함께 모여 일하는 것이 꺼림칙하다거나 아니면 그저 다른 볼일 때문에 바쁜 누군가가 있다면 바로 터놓고 말하세요."

그러자 버디가 눈을 깜박거렸다(실제로 혼란스러워 보이진 않았다). 펭귄선생 조던이 잽싸게 머리를 굴리는 게 보였다. 앨리스는 조심스럽게 고개를 끄덕였다.

"저는 함께 일할래요."

앨리스가 먼저 대답했다. 잠시 후, 조던이 고개를 끄덕이자 버디와 프레드까지 고개를 끄덕였다.

그들은 그날 나머지 시간을 내내 함께 있었
다. 처음에는 대화가 순조롭지 않았다.

"우리의 보금자리가 매년 몇 퍼센트씩 줄어들
고 있는지 궁금하군요."

펭귄선생이 조용히 말했다.

"블래디위치라는 펭귄이 측정방법을 만들어냈다고 어
디선가 읽은 적이 있는데……."

그러자 앨리스가 크게 헛기침을 했다. 앨리스는 루이
스 회장을 뚫어지게 쳐다보다가 말했다.

"내일 할 일에 대해 집중적으로 이야기하는 것이 좋겠어요."

버디는 부드럽게 말했다.

"블래디위치는 매우 훌륭한 펭귄이었나 봐요."

펭귄선생은 누군가 자신의 말을 거들었다는 점에 기분이 좋아져 고개를 연신 끄덕였다. 물론 버디 하나뿐이었지만.

루이스 회장은 대화의 방향을 바꾸었다.

"모두들 잠시 눈을 감아보세요."

East

눈을 감는 게 그들의 일과 무슨 관련이 있는지 펭귄선생이 채 묻기도 전에, 루이스 회장은 이렇게 말했다.

"이유는 묻지 마시고, 나이 든 펭귄의 제안에 따라주세요. 1분이면 됩니다."

펭귄들은 차례로 눈을 감았다.

루이스 회장이 말했다.

"눈을 감은 채 동쪽을 가리켜보세요."

모두들 잠시 주저하더니 회장이 시키는 대로 했다.

"자, 이제 눈을 떠보세요."

회장이 말했다.

버디, 펭귄선생, 프레드, 앨리스는 모두 다른 방향을 가리키고 있었다. 심지어 버디는 하늘 위쪽을 가리키고 있었다. 앨리스는 곧바로 무엇이 문제인지를 깨닫고 한숨지었다.

펭귄선생은 "그래요, 흥미롭군요"라고 말했다. 프레드는 늘 그렇듯 가볍게 고개를 끄덕였다. 버디는 어찌 된 영문인지 알지 못했다.

펭귄선생이 말했다.

Our Iceberg is Melting

"보세요. 우리는 팀에 소속되어 일할 때만 빛을 발합니다. 그런데 우리는 지금 회장님의 지시에 개별적으로 대처했습니다. 회장님은 우리가 함께 일하거나 서로 말을 하거나 만져서는 안 된다고 말하지 않았는데도 말입니다. 그러니까 플롯보텀의 그룹 이론에 따르자면……."

루이스 회장은 날개를 들어 펭귄선생의 말을 가로막은 후 "점심으로 오징어 어때요?"라고 말했다. 그러자 뚱보 펭귄선생이 하던 말을 멈추었다. 배에서 꼬르륵 소리가 나며 뇌를 자극하고 있었기 때문이다. 버디가 "정말 좋은 생각이에요!"라고 말했다.

펭귄들은 오징어를 아주 좋아한다. 이 바다생물은 쥘 베른의 소설《해저 2만리》에 나오는 괴물처럼 버스만큼 큰 것에서부터 쥐보다 작은 것까지 크기가 매우 다양하다. 하지만 펭귄이 좋아하는 작은 오징어는 꾀 많은 꼬마 악마 같은 존재다. 자신을 잡아먹으려는 자에게 인정사정없이 먹물을 뿜어댄 후, 홀연히 사라져버리기 때문이다. 그래서 오징어 한 마리와 펭귄 한 마리가 붙으면 오징어가 손쉽게 승리를 거둘 수 있다.

펭귄들은 오래전에 이런 문제를 깨닫고, 한 가지 해결책을 발견했다. 그것은 바로 오징어 단체 사냥이다!

루이스 회장이 맨 먼저 바다에 뛰어들었고 다른 펭귄들이 재빨리 그를 뒤따랐다. 육지에서는 마치 찰리 채플린처럼 몸을 앞뒤로 뒤뚱거리며 어색하게 걷는 펭귄이지만, 물속에서는 놀라운 수영 솜씨를 발휘하며 우아하게 움직인다. 또한 수심 약 500미터까지 잠수해 20분간 머물 수도 있다. 그뿐 아니라 스포츠카인 포르셰보다 기동력이 좋다. 하지만…… 제아무리 개인의 능력이 뛰어날지라도 혼자의 힘으로는 오징어를 잡지 못한다.

그들이 물속으로 뛰어들자 첫 번째 오징어 무리가 쏜살같이 달아났다. 하지만 오징어는 서로 협동해서 사냥하는 펭귄들을 당해내진 못한다. 결국 그들은 모두가 배불리 먹을 수 있을 정도로 오징어를 잔뜩 잡을 수 있었다. 왕성한 식욕을 자랑하는 펭귄선생을 만족시킬 만큼 충분한 양이었다.

만족스러운 식사를 마친 후, 루이스 회장은 빙산이 녹

아내리는 문제나 혁신팀의 일과는 아무런 상관이 없는 얘기를 끄집어냈다. 회장은 세상살이와 가족, 그들의 희망 혹은 꿈에 관해 얘기했다. 그들은 몇 시간 동안 편한 마음으로 얘기를 나누었다.

펭귄선생은 대화의 뼈대도 없는 그런 시시껄렁한 세상살이 얘기에 동참하고 싶지 않았다. 그래서 입을 다문 채 조용히 머리를 굴리며 분석을 시작했다.

'빙산이 녹고 있음. 프레드가 이 사실을 알아냄. 자기 잘난 맛에 사는 리더십평의회를 설득시키기란 힘든 일이었음. 그래서 맨 처음 앨리스에게 감. 그녀에게 문제를 보여줌. 빙산 모형을 만듦. 유리병 실험을 함. 리더십평의회의 총회가 열림. 회원들의 거들먹거리는 모습이 줄어듦. 루이스 회장이 사태를 풀어나갈 혁신팀을 구성함. 흥미로운 조직임. 오징어와 일상적인 이야기로 팀워크를 새롭게 다지고 있음.'

다음 날 아침, 루이스 회장은 혁신팀 팀원들을 모두 불러냈다.

루이스 회장은 한 달 정도의 시간만 있었어도 결속력

있는 팀으로 만들 자신이 있었지만, 그에겐 그럴 만한 여유가 없었다. 하지만 그는 자신이 할 수 있는 최선을 다했고, 펭귄들은 서로 다른 방향을 가리키던 이틀 전과는 달라진 모습을 보였다.

- 다름과 차이는 다양성을 만들어내며, 이 다양성이야말로 팀워크를 통한 시너지 효과를 창출시키는 원동력이 된다.

- 위기는 안정을 추구하는 보수적인 관리자 혼자의 힘만으로 극복하기 어렵다. 변화를 추구하는 혁신지향적인 리더가 그 어느 때보다도 필요한 시점이다.

프레드의 변화관리 노트

1 펭귄들이 구성한 혁신팀(루이스 회장, 앨리스, 프레드, 버디, 조던)은 어떤 점에서 가장 이상적인 팀이라고 생각하는가? 각자의 역할과 개인적인 특성을 분석해보고 그 역할과 특성이 어떤 방식으로 이상적인 팀워크를 구축하는 데 작용할 것인지 생각해보자. 조던을 펭귄선생이라고 부르는 것처럼 각자의 캐릭터에 어울리는 별명을 지어보는 것도 한 방법이 될 것이다.

2 루이스 회장이 혁신팀을 데리고 오징어 단체 사냥에 나선 근본적인 이유는 무엇인가? 팀원들은 오징어 사냥을 통해서 무엇을 배웠는가?

3 루이스 회장의 리더십에서 어떤 점을 배울 수 있는가?

Our Iceberg is Melting

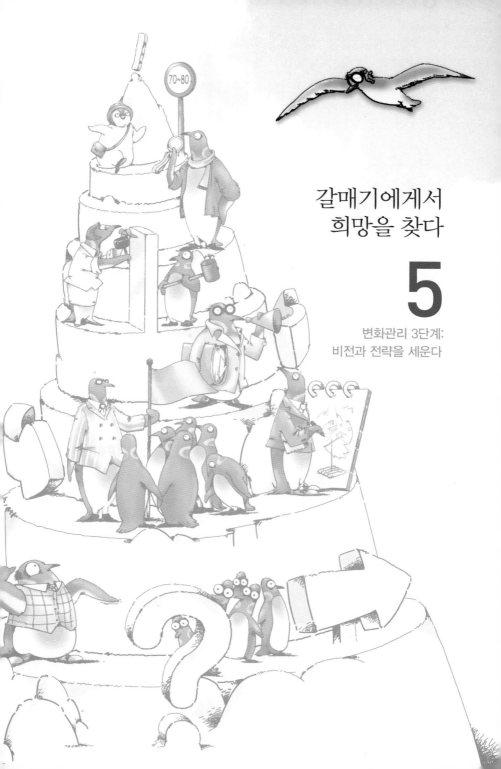

갈매기에게서
희망을 찾다

5

변화관리 3단계:
비전과 전략을 세운다

저 하늘을 나는
갈매기를 봐요!
그들의 자유가 우리에게
무엇을 말하고
있는지……

조바심이 난 앨리스는 빙산이 녹는 문제를 빨리 다른 펭귄들에게 얘기해서 해결책을 함께 찾아보는 게 어떻겠느냐고 제안했다. 루이스 회장은 다른 펭귄들에게 얘기하는 것이 최선의 방법이라는 확신이 서지 않았고, 펭귄 선생도 왜 그래야 하는지 전혀 이해하지 못했다. 하지만 건설적인 논의를 거듭한 끝에 모두들 앨리스의 제안을 따르기로 결정했다.

　텍사스의 석유업자와 친밀한 관계에 있는 한 펭귄은 빙산 표면에서 동굴 아래쪽으로 구멍을 뚫어 그 안에 있는 물과 압력을 밖으로 나오게 하자고 제안했다. 이것으로 빙산이 녹는 문제를 근본적으로 해결할 수는 없겠지만, 겨울이 되었을 때 그들의 보금자리가 터져나가는 것

을 막을 수는 있을 거라는 얘기였다. 그 제안으로 펭귄들은 한참 시끌시끌했지만, 펭귄선생이 펭귄 268마리가 하루종일 부리로 바닥을 쪼아댄다고 해도 동굴까지 뚫으려면 5.2년은 걸릴 거라고 말하자 다시 잠잠해졌다.

또 다른 펭귄은 완벽한 빙산을 찾아보자고 제안했다. 녹지도 않고 수로나 동굴도 없는, 모든 것이 완벽해서 그들의 후손들이 다시는 이런 불안한 사태를 겪지 않을 만한 빙산을 찾아보자는 것이다. 펭귄들은 너도나도 완벽한 빙산을 찾기 위한 위원회를 발족시키자고 소리를 높였다. 그러나 다행인지 불행인지 앨리스는 여태까지 그런 빙산이 있다는 말을 들어본 적이 없었다.

다시 분위기가 가라앉자 한 펭귄이 어떻게 해서든 더 두껍고 튼튼한 얼음이 있는 남극대륙 중심부로 이사하자고 말했다. 그곳이 얼마나 넓은지는 아무도 몰랐지만, 아마 미국 땅덩어리의 1.5배는 될 터였다. 그때, 뚱뚱한 펭귄 하나가 말했다.

"그곳에 가려면 물에서 오래 떨어져 있어야 하지 않나요? 그러면 물고기를 어떻게 잡죠?"

리더십평의회의 한 펭귄은 범고래의 기름을 이용해 강력접착제를 만든 다음, 빙산 전체를 '단단하게' 붙이자고 제안했다. 그는 이것이 빙산이 녹는 문제를 해결할 수는 없겠지만, 눈앞의 재앙은 막을 수 있을 거라고 말했다.

펭귄들은 점점 절망적인 분위기에 휩싸였다.

그때, 여러 펭귄으로부터 존경받는 한 나이 든 펭귄이 분위기를 바꿔볼 생각으로 이렇게 말했다.

"마음을 열고 주위를 좀 거닐어봅시다."

루이스 회장은 뭔가 다른 접근방식이 필요함을 깨닫고 그의 말에 동의했다.

"그렇게 해봅시다."

펭귄들은 서쪽으로 갔다. 아름다운 눈벽이 보였다. 그들이 그곳에 머무는 동안 근처에 사는 펭귄 가족이 빙산이 녹는 문제와 물고기에 대해 얘기하는 소리가 들려왔다. 하지만 그들이라고 뾰족한 대책이 있을 리 만무했다.

그렇게 한 시간쯤 지났을까, 예의 바른 프레드가 공손하게 말했다.

"저 위를 좀 보세요."

프레드는 갈매기를 쳐다보고 있었다. 남극에는 원래 갈매기가 없던 터라 그들은 일제히 하늘을 쳐다보았다. 날아다니는 것이 분명 펭귄은 아니었다.

"흥미롭군요."

펭귄선생이 말했다.

"제가 날아다니는 동물에 대해서는 좀 아는 게 있어요. 그러니까……."

펭귄선생의 말이 채 끝나기도 전에 앨리스가 그의 어깨를 톡톡 두드렸다. 그는 지난 이틀간의 경험으로 앨리스가 자신을 이렇게 두드리는 건 '선생님, 훌륭하시군요. 하지만 좀 조용히 해주시겠어요?'를 의미한다는 사실을 알게 되었다. 그는 입을 다물었다.

"저게 뭐죠?"

버디가 물었다.

"모르겠어요."

프레드가 말했다.

"우리 같은 새라면 저렇게 계속 날아다닐 수 없을 텐데요. 이곳 어딘가엔 집이 있을지도 몰라요. 하지만 날씨가 너무 추운데……."

그들은 프레드의 말에 동의했다. 저 갈매기가 그들과 함께 이곳에 산다면 일주일도 안 되어 바위처럼 딱딱하게 얼어 죽을 게 분명했다.

프레드는 계속해서 말했다.

"제 짐작으로는 저 새가 여기저기 돌아다니다가 잠시 한곳에 머무르고, 그러다 또다시 길을 떠나는 것 같아요. 그게 사실이라면, 저 새들에겐 지금 아무 문제도 없는 것이나 마찬가지예요. 저 생물은 한 보금자리에 오랫동안 머물지 않고 그냥 여기저기 옮겨 다닐 뿐이니까요. 저것은……."

프레드는 펭귄이 아는 말 중에서 '유목생활'과 가장 가까운 단어를 사용했다.

앨리스가 말했다.

"우리가……?"

루이스 회장이 말했다.

"아마도……."

펭귄선생이 말했다.

"흥미로운 일이군요."

버디가 말했다.

"죄송하지만, 지금 무슨 말씀을 하고 계신 거죠?"

루이스 회장은 간단하게 대답했다.

"지금과 많이 다른 새로운 생활방식에 대해 얘기하는 거죠."

그들은 여러 시간 동안 이야기를 나누었다. 버디가 물었다.

"만일 우리가…… 안 될 게 뭐 있어? 그냥 저……."

그가 다시 물었다.

"그다음엔 어떻게 하죠?"

루이스 회장이 말했다.

"그 점에 관해서는 신중하게 생각할 필요가 있어요."

앨리스가 말했다.

"빨리 움직이는 게 좋겠어요."

펭귄선생이 말했다.

"생각의 질이 속도보다 훨씬 더 중요합니다."

앨리스가 계속 말했다.

"우선 날아다니는 새에 대해 좀 더 알아보는 것이 좋
겠어요. 지금 당장이요."

루이스 회장이 동의했다.

그러니까 새로운
보금자리를 찾아
다닌단 말이죠?

펭귄선생은 메모할 만한 것을 준비했고, 그들은 모두
갈매기를 찾으러 나섰다.

그 유명한 셜록 홈스만큼은 아니더라도
어느 정도 탐정 기질이 있던 프레드
덕분에 그들은 30분도 안 되어
갈매기를 찾아냈다.

앨리스가 버디에게 속삭였다.

"저 새에게 인사하세요."

버디는 진심에서 우러나오는 따뜻하고 부드러운 목소리로 말했다.

"안녕하세요. 이쪽은 앨리스예요."

그는 앨리스를 가리켰다.

"저쪽은 루이스 회장님, 프레드, 그리고 펭귄선생이에요. 저는 버디라고 하고요."

갈매기는 멀뚱멀뚱 그들을 쳐다보기만 했다.

"고향이 어디인가요?"

버디가 물었다.

"그리고 여기서 뭘 찾고 계세요?"

그 갈매기는 펭귄들에게 반갑게 다가오진 않았지만, 그렇다고 멀리 날아가버리지도 않았다. 이윽고 갈매기가 입을 열었다.

"저는 탐사대원입니다. 갈매기 무리의 선두에서 날아다니며 다음에 살 만한 곳을 물색하죠."

펭귄선생이 질문을 하기 시작했다. 가끔 옆길로 새는

질문도 했지만 대부분 도움이 되는 질문이었다. 갈매기는 갈매기 무리의 유목생활에 대해 말해주었다. 솔직히 펭귄들이 보기에는 깊이 있는 대답 같지는 않았지만, 그래도 갈매기가 무엇을 먹고 사는지, 탐사대원이 되면 어떤 일을 하는지에 대한 대답은 흥미로운 정보였다. 그러다가 추위를 견디기 힘들었는지 얼굴이 창백해지고 말하기가 힘들어지자, 갈매기는 작별인사를 하고 날아가 버렸다.

펭귄선생과 버디는 갈매기들의 생활방식이 펭귄에게도 맞을 거라는 확신이 서지 않았다.

"우린 갈매기와는 달라요. 갈매기는 하늘을 날아다니잖아요."

"우린 신선하고 맛있는 물고기를 먹지만, 갈매기가 먹는 것은…… 웩!"

"물론 우린 갈매기와는 다르죠."

앨리스가 평소보다 훨씬 날카롭게 말했다.

"그래서 갈매기들의 생활방식을 그대로 따라 할 수는

없어요. 하지만 그들이 사는 방식이 무척 흥미롭지 않나요? 우리가 시도해볼 수 있는 또 다른 삶의 형태잖아요. 여기저기 돌아다니며 사는 법을 배우는 것도 괜찮을 것 같아요. 어차피 영원히 한곳에만 머물 수는 없어요. 녹고 있는 빙산을 뜯어고칠 수도 없는 노릇이고요."

펭귄선생은 열 가지가 넘는 질문을 퍼부었다. 루이스 회장은 별말이 없었지만, 다른 펭귄들이 논의하는 것에 대해 끊임없이 생각하고 있었다.

앨리스가 말했다.

"우리의 보금자리인 빙산이 녹고 있는 걸 알았을 때, 왜 아무도 이런 생각을 하지 못했을까요?"

펭귄선생이 말했다.

"틀림없이 펭귄부족의 누군가가 이런 생각을 했을 거예요. 우리는 너무나 논리적이니까요."

펭귄선생은 오른쪽으로 고개를 돌렸다.

'글쎄, 아닐지도 모르겠네.'

펭귄선생은 다시 생각에 빠져들었다.

루이스 회장이 말했다.

"한 가지 방식으로 오랫동안 살아봤으니 지금과 전혀 다른 생활방식을 생각해보는 것도 괜찮지 않겠어요?"

펭귄선생은 그들의 보금자리가 왜 녹고 있는지에 대해 아무도 믿을 만한 이론을 제시하지 못했음을 깨달았다. 그는 빙산의 용해와 붕괴가 매우 오랜 시간에 걸쳐 서서히 진행되었을 거라고 추정하고 있었다.

'하지만 그게 아니라면? 무언가로 인해 갑자기 문제가 발생했다면? 그 무언가는 대체 무엇일까? 10대 문제아 일부가 위험한 놀이를 할 때 사용하는……? 아니지, 이건 비논리적이야. 혹시 바다표범과 범고래가 무슨 일을 저질렀나? 아니야, 이건 말도 안 돼. 동료 펭귄들에게 빙산이 녹는 문제에 대해 좀 더 시간을 두고 체계적으로 생각해보자고 했어야 했나? 그러기엔 남은 시간이 별로 없는걸.'

그는 의문이 풀리지 않으면 무척 심란해하곤 했다. 하지만 그날 저녁에는 마음이 편했고, 평소와 다름없이 그런 상황에서 잠도 잘 잤다. 왜냐하면 미래를 느낄 수 있었기 때문이다. 즉 미래를 어떻게 일궈야 할지가 비로소 보이기 시작했던 것이다. 그는 이상하게도 루이스 회장, 앨리스, 프레드, 버디도 자신과 똑같은 생각을 하고 있다는 것이 안심이 되었다.

- 난파 직전, 표류하고 있는 배를 구출할 수 있는 유일한 힘은 듣는 순간 3초 이내에 가슴을 울렁거리게 만드는 비전이다.

- 비전은 배의 항해 방향을 알려주는 등대와 같다. 비전 없는 전략은 무모하며, 전략 없는 비전은 환상에 불과할 뿐이다.

- 시력(視力)이 중요한 것이 아니라 비전으로 무장된 시야(視野)가 중요하다.

1 펭귄들이 빙산의 위기를 극복하기 위해 모색했던 대안을 모두 열거해보
고 각각의 대안이 지닌 한계와 문제점을 분석해보자. 어떤 방법으로 가장
이상적인 대안을 찾게 되었는가?

2 펭귄부족이 이상적인 대안을 찾는 과정에서 혁신팀 구성원은 각각 어떤
역할을 했으며, 구체적으로 어떤 활동을 전개했는가?

3 이제까지 수없이 많은 비전을 접해본 경험에 비추어볼 때 좋은 비전과 좋
지 못한 비전의 사례를 들어보고 각각의 비전이 지니고 있는 특징적 요소
를 분석해보자.

Our Iceberg is Melting

변화를 향한
열망의 메시지

6

변화관리 4단계:
지속적인 커뮤니케이션을
추진한다

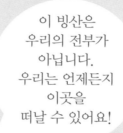

이 빙산은
우리의 전부가
아닙니다.
우리는 언제든지
이곳을
떠날 수 있어요!

다음 날 정오, 루이스 회장은 회의를 소집했고 그 자리에는 모든 펭귄이 참석했다. 그러다 보니 허기에 지쳐 있던 바다표범은 오늘 점심도 굶어야 할 판이었다.

매사에 의욕적인 펭귄선생은 루이스 회장이 펭귄들에게 메시지를 전달할 때 사용하도록 오전 내내 프리젠테이션 자료를 준비했다. 루이스 회장은 그 자료를 훑어본 후, 버디에게 건네주었다. 자료는 무척 인상적이었다.

버디는 펭귄선생의 자료를 검토한 후 "죄송하지만 뭐가 뭔지 모르겠어요"라고 말했다. 루이스 회장이 어느 부분을 이해할 수 없느냐고 물어보자 버디는 2번 자료라고 대답했다. 앨리스는 눈을 감고 깊은 숨을 내쉬었다.

루이스 회장은 펭귄선생이 만든 프레젠테이션 자료를 다시 살펴보았다. 그것은 짐작했던 대로 훌륭하게 작성

된 자료였다. 하지만 그것을 모든 펭귄이 이해할 수 있으리라는 확신이 서지 않았다. 루이스 회장은 어떻게 해야 그것을 펭귄들에게 쉽고 정확하게 전달할 수 있을지 고민했다. 자주 불안에 떠는 데다 회의적이며 전통에 얽매이는, 게다가 상상력까지 부족한 펭귄들에게 어떻게 하면 메시지를 제대로 전달할 수 있을까?

루이스 회장은 위험부담을 안고 싶진 않았지만, 이번에는 뭔가 색다른 것을 시도해볼 필요가 있다고 판단했다. 루이스 회장은 펭귄 총회를 시작하며 이렇게 말했다.

"친애하는 펭귄 여러분, 우린 지금 어려운 도전에 직면해 있습니다. 이런 상황에서는 무엇보다도 우리가 진정 누구인지를 아는 것이 중요합니다."

펭귄들은 루이스 회장을 멍하니 처다보았다. 리더십평의회 회원들은 루이스 회장이 이처럼 감정적으로 말하는 것을 처음 보았다.

"여러분은 서로를 진심으로 존중합니까?"

잠시 침묵이 흐르더니 어떤 펭귄이 "물론이죠"라고 말했다.

그러자 다른 펭귄들도 "네"라고 대답했다.

청중과 함께 앉아 있던 노노는 어떤 음모가 있는지 알아내고자 기를 쓰고 있었다. 아직 음모가 있는지 없는지조차 알아내지 못했지만, 어쨌든 지금의 상황이 마음에 들지 않았다.

루이스 회장이 계속 말을 이었다.

"여러분은 규율의 가치를 인정합니까?"

"네."

나이가 지긋한 열두 마리의 펭귄이 대답했다.

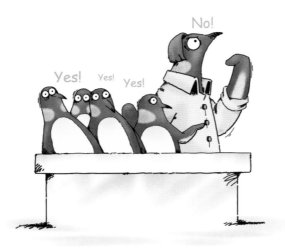

"여러분에게는 강한 책임감이 있습니까?"

이것은 논쟁의 여지가 없었다. 그들은 여러 세대 동안 그렇게 살아왔다.

"네."

그제야 많은 펭귄이 동의했다.

"형제애와 자녀에 대한 사랑을 중요하게 여깁니까?"

"네."

커다란 함성이 울려 퍼졌다.

회장은 잠시 말을 멈췄다가 이렇게 물었다.

"우리가 공유하는 믿음과 가치를 우리가 살고 있는 이 곳에서만 실현시켜야 할까요?"

그다지 영리하지 못한 펭귄들이 분위기에 휩쓸려 또다시 '네'라고 말하려는 순간, 앨리스가 '아니요!'라고 소리쳤다. 펭귄선생, 프레드, 그리고 몇몇 젊은 펭귄이 뒤이어 '아니요'라고 말했다. 그러자 많은 수의 펭귄이 '아니요, 아니, 아니'라고 나지막하게 말했다.

"그렇습니다. 절대 그렇지 않습니다."

루이스 회장이 동의했다.

긴장감이 돌면서 펭귄들은 모두 그를 바라본 채 가만히 서 있었다.

"이제부터 버디의 말에 귀를 기울여주십시오."

루이스 회장은 또다시 극적인 침묵을 기다린 후 다음과 같이 말했다.

"우리에게 보다 나은 새 삶을 위해 도움이 될 만한 얘기를 들려드릴 겁니다."

버디는 갈매기들의 생활방식에 대해 자세히 이야기하기 시작했다.

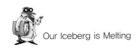

Our Iceberg is Melting

"그는 갈매기 무리의 탐사대원이었어요. 그가 하는 일은 지역을 탐험하며 갈매기들이 다음에 이사할 만한 곳을 찾는 것이죠. 생각해보십시오, 갈매기들은 언제나 자유롭습니다! 어디든 가고 싶은 대로 갈 수 있으니까요. 그러니까…… 그들은 아주 오래전부터……."

버디는 갈매기 무리의 역사, 그들이 지금까지 살아온 방식, 자신이 만났던 갈매기에 대해 아는 대로 얘기했다. 버디 자신은 모르고 있었지만, 그는 매우 훌륭한 스토리텔러였다.

버디의 말이 끝나자 펭귄들이 수많은 질문을 했다. 몸집이 뚱뚱해 좀 둔한 몇몇 펭귄은 날아다니는 동물이라는 얘기에 버둥거리며 날아오르는 시늉을 해 보였다. 어떤 펭귄은 갈매기가 무슨 말을 했는지 자세히 얘기해달라고 했다. 그 밖에 '자유'와 '유목생활'에 대해 무수한 논의가 이루어졌다. 아무도 분명하게 언급하지는 않았지만, 몇몇 영리한 펭귄은 비전을 감지했다.

루이스 회장은 펭귄들이 마음껏 재잘거리도록 한동안 내버려두었다. 그런 다음 큰 소리로 헛기침을 한 후, 조용히 해달라고 부탁했다. 펭귄들이 입을 다물자, 루이스 회장은 확신에 찬 듯 말했다.

"이 빙산은 우리의 전부가 아닙니다. 단지 우리가 지금 살고 있는 곳일 뿐이죠. 우리는 갈매기보다 더 똑똑하고 강하며 무엇이든 할 수 있는 능력이 있습니다. 그러니 갈매기를 따라 한번 해보면 어떨까요? 우리가 그들보다 더 잘할 수 있지 않을까요? 우리는 이 얼음 조각에 매인 몸이 아닙니다. 우리는 얼마든지 이곳을 떠날 수 있습니다. 이 빙산이 녹아 물고기 한 마리 정도의 크기가 되도록 내버려둡시다. 산산조각 나도록 그냥 둡시다. 여기보다 더 안전하게 살 수 있는 곳을 찾아내면 됩니다. 또 필요하다면 다른 곳으로 다시 이주하면 됩니다. 지금 우리 앞에 놓인 이따위 위험에 우리의 가족이 희생되도록 내버려둘 순 없어요. 우리는 승리할 것입니다."

이때, 노노의 혈압은 160을 넘어 240을 기록했다.

회의가 끝나갈 무렵, 당신이 청중의 눈을 유심히 바라보았다면 아마도 다음과 같은 결론을 내렸을 것이다.

1. 청중의 30퍼센트는 새로운 생활방식이 있음을 알고 괜찮은 생각이라며 마음을 놓았다.

2. 30퍼센트는 자신이 보고 들은 것을 정리하고 있었다.

3. 20퍼센트는 매우 혼란스러워했다.

4. 10퍼센트는 회의적인 모습을 보였으나 적대적이지는 않았다.

5. 10퍼센트는 노노처럼 전부 말도 안 되는 얘기라고 생각했다.

'이 정도로 됐어!'라고 생각한 루이스 회장은 회의를 마무리 지었다.

앨리스는 프레드, 버디, 펭귄선생에게 자신을 따라오라고 했다. 현명한 그들은 앨리스를 따라갔다.

그녀는 서둘러 자신의 따끈따끈한 아이디어를 설명해 주었다. 그것은 얼음 포스터에 슬로건을 적어 곳곳에 붙여놓자는 얘기였다.

"펭귄들에게 우리의 메시지를 상기시켜줄 필요가 있어요. 계속 떠오르게 하는 거죠. 펭귄들이 어디를 가든 하루 종일 이 메시지를 볼 수 있도록 해야 돼요."

버디가 큰 소리로 물었다.

"그렇게 많은 얼음 포스터를 붙이면 일부 펭귄들이 짜증 내지 않을까요?"

앨리스가 대답했다.

"짜증 내는 펭귄과 녹아 없어지는 빙산 위에서 비명을 지르는 펭귄 중 하나를 선택하라면, 저는 앞의 경우를 택하겠어요."

그리하여 그들은 얼음 포스터를 만들기 시작했다. 처

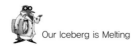

Our Iceberg is Melting

음에는 어떻게 해야 할지 몰라 제대로 만들 수 없었지만, 곧 몇몇 창의적인 펭귄의 도움으로 요령을 터득하게 되었다. 그들은 매주 한 개 이상의 새로운 슬로건을 얼음 포스터에 적어 빙산 주변에 늘어놓았다.

유목생활만이
우리의 살길이다!

더 이상 얼음 포스터를 놓을 자리가 없자, 앨리스는 새로운 제안을 내놓았다. 물고기가 가장 많이 잡히는 바다 속에도 얼음 포스터를 늘어놓자는 것이었다. 좀 이상하게 들릴지 모르지만, 펭귄은 물속에서도 앞을 잘 볼 수 있었다.

버디는 빙산 문제와 유목생활에 대해 자유롭게 말할

수 있는 수다 동아리를 조직했다. 펭귄선생이 동아리 내 소그룹을 한두 개 맡겠다고 했을 때 버디는 썩 좋은 생각이 아니라는 말을 차마 꺼내지 못했다. 앨리스가 바로 끼어들었다.

"조던은 강의를 정말 잘하니까 소그룹도 잘 이끌 거예요. 하지만 우리는 지금 그걸 원하는 게 아니잖아요. 다른 펭귄들이 이야기를 꺼내게 나둬야 해요."

펭귄 선생은 마음이 상하기는 했지만 앨리스의 말에 수긍했다.

"일리 있는 의견입니다."

드디어 극적인 회의, 루이스 회장의 "이 빙산은 우리의 전부가 아니다"라는 명언, 버디의 갈매기 얘기, 앨리스의 끊임없는 홍보용 얼음 포스터, 수다 동아리가 기대했던 효과를 내기 시작했다.

모두는 아니더라도 많은 펭귄이 이제 어떻게 해야 하는지 알게 된 것이다. 또한 안일함, 두려움, 당혹스러움이 점차 사라지고 활력이 살아났다. 유목생활은 지금과는 전혀 다른 미래였다. 유목생활에 대해 서로의 의견을 제

시하게 된 것이 가장 성공적이었다.

펭귄 마을에 아직까지 큰 진전은 없었지만 그건 지켜보면 알 수 있을 터였다.

- 커뮤니케이션은 메시지를 파는 것이 아니라 커뮤니케이션을 하는 자기 자신, 즉 메신저를 파는 일이다. 메신저의 신념을 팔아야 메시지에 담겨진 스토리가 팔린다.

- 커뮤니케이션을 통한 설득력은 많이 말하는 것보다 짧게 말하고 상대방의 말을 들어주는 가운데 생겨나는 것이다. 훌륭한 메신저는 20퍼센트만 말하고 나머지 80퍼센트는 듣는다. 설득의 파워는 상대방의 얘기를 들어주는 공감적 경청에서 나온다.

- 조직 내에서 이루어지는 일의 약 80퍼센트는 커뮤니케이션의 문제다. 비전 제시보다 비전 공유를 위한 쉽고 일관된 커뮤니케이션이 더욱 중요하다.

프레드의 변화관리 노트

1 여러분의 조직은 비전에 대한 공감대를 형성하기 위해 펭귄부족의 커뮤니케이션 방식으로부터 어떤 점을 배울 수 있는가?

- -

- -

- -

2 루이스 회장이 비전을 공유하기 위해 활용한 연설은 어떤 점에서 강력한 설득력과 호소력이 있다고 생각하는가?

- -

- -

- -

3 버디는 탁월한 스토리텔러로서 위기 때마다 자신의 능력을 십분 발휘하고 있다. 버디의 얘기는 왜 다른 펭귄들의 감동을 불러일으켰는가?

- -

- -

- -

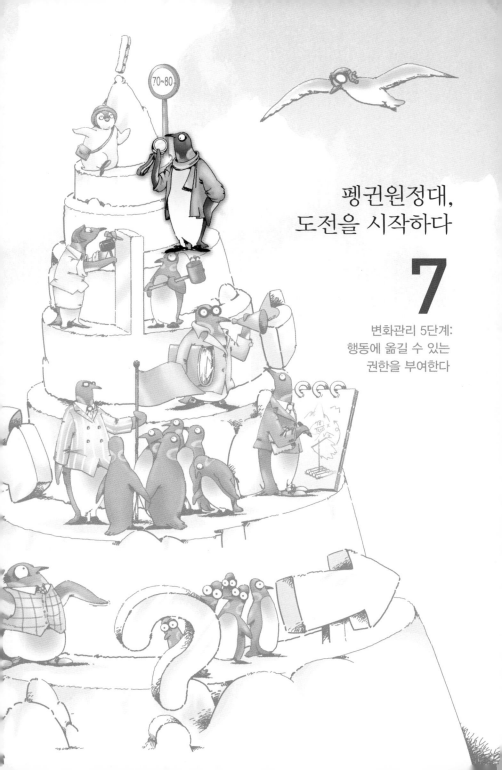

펭귄원정대,
도전을 시작하다

7

**변화관리 5단계:
행동에 옮길 수 있는
권한을 부여한다**

위기 속에서
영웅이 탄생하는 법이다.
바로 당신이
지금 이 순간
영웅이 될 수 있다!

30~40마리의 펭귄이 소그룹으로 나뉘어 탐사대 선발, 새로운 빙산 탐험용 여행지도 제작, 펭귄부족 이동 전반에 관한 계획을 세우기 시작했다. 루이스 회장은 조심스럽게 낙관적인 태도를 보였다.

그다음 주에 좋은 소식과 나쁜 소식이 있었다.

좋은 소식
여전히 초조한 분위기가 감지되었지만, 핵심그룹을 중심으로 서서히 열정이 피어오르기 시작했다.

대체로 좋은 소식
열두 마리의 펭귄이 펭귄부족의 새로운 보금자리를 찾는

일을 담당할 탐사대에 흥미를 보였다. 그러나 불행히도 이들은 처음에는 새 빙산을 찾는 일에 사실 별다른 관심이 없었다. 대부분 청소년인 이들은 비디오게임도 없고 나이키 제품도 없는 자기 삶을 채워줄 무언가를 찾고 싶을 뿐이었다.

그다지 좋지 않은 소식
노노가 여기저기 돌아다니며 폭풍우 및 이상기류에 관한 예보를 하고 다녔다. 대부분의 펭귄은 그의 말을 무시했지만, 모두 그런 것은 아니었다.

이해하기 힘든 소식
몇몇 어린 펭귄이 무서운 꿈을 꾸기 시작했다. 앨리스가 그 이유를 알아보니 유치원 선생님이 친근감을 높이고자 아이들에게 어린 펭귄을 잡아먹는 무시무시한 범고래 얘기를 해주었던 것이다.
아이들의 악몽 때문에 탐사대 후보 부모를 포함한 부모들 사이에 대소동이 일어났다. 왜 선량한 선생님이 이런 문제를 일으키는 것일까?

Our Iceberg is Melting

별 도움이 되지 않는 소식
일부 리더십평의회 회원들이 탐사대 대장이 필요하다고 생각했다. 그들이 너도나도 대장이 되려고 로비를 시작하자 리더십평의회 내에 짜증 나는 대립이 시작되었다.

그리고 마지막으로……

매우 걱정스러운 소식
펭귄이 겨울을 나려면 음식을 많이 먹어 지방을 축적해놓아야 한다. 그런데 빙산 주변의 광활한 땅을 탐사하는 것은 매우 힘든 일이라 탐사대가 사냥을 할 시간이 부족할 것이라는 지적이 나왔다. 더욱이 오직 자기 아이들하고만 음식을 나눠 먹는 펭귄의 오랜 전통 때문에 문제는 훨씬 심각했다. 어른 펭귄이 다른 어른 펭귄을 위해 사냥하는 일은 없었다. 특별한 이유가 있는 것은 아니고 단지 전통이 그랬다.

처음에는 좋은 소식이 나쁜 소식보다 우세했다. 하지만 이내 노노의 계략, 불안해하는 아이들, 부모들의 걱정,

리더십평의회의 내분, 탐사대 먹이 문제가 펭귄들에게 큰 타격을 주기 시작했다.

노노와 그의 친구들은 무엇이 장애물인지를 알았고 이에 힘을 얻었다. 노노는 좀 더 강하게 밀어붙여야겠다고 생각했다.

기획자그룹에서 일하는 아만다는 새로운 생활방식의 비전을 굳게 믿고 있었기에 가장 열정적으로 일했다. 이 비전을 현실화하는 데 도움을 주기 위해 하루 14시간을 일했다. 그러나 노노의 얘기에 심란해진 남편은 이 일을 그만두라고 다그쳤다. 아무리 얘기를 해도 남편은 계속 부정적인 태도를 보였고, 여기에 아이가 끔찍한 악몽을 꾸는 바람에 밤 시간의 절반은 아이를 돌보아야만 했다. 이런 상황에서 탐사대 먹이 문제가 불거지자 절망감이 밀려와 처음의 열정이 서서히 사라져갔다. 자신의 능력을 벗어나는 일에 무력감을 느끼던 아만다는 결국 기획회의에 빠지는 날이 점점 늘어갔다.

그 주의 목요일까지 다른 세 펭귄도 회의에 불참했다.

금요일에는 불참자의 수가 여덟으로 늘어났고, 토요일에는 열다섯이 되었다.

기획자그룹의 리더는 빙산이 녹는 문제, 변화의 필요성, 좋은 비전 갖기, 그리고 실천에 대해 분명하게 다시 설명하면서 회원들이 빠져나가는 것을 막고자 노력했다. 그의 논리는 완벽했다. 그러나 회의의 저조한 출석률에는 영향을 미치지 못했다.

상황이 이렇게 치닫자, 앨리스는 열정적인 펭귄들 중에서도 상당수가 늘어나는 장애물 앞에서 다소 무력해진다는 것을 깨달았다.

"이 문제를 해결해야 해요."

앨리스가 루이스 회장에게 말했다. 그 역시 앨리스의 말에 동의했다.

버디, 프레드, 펭귄선생, 루이스 회장, 그리고 앨리스는 현재의 상황을 의논한 뒤, 앞으로 할 일을 정하고 각자의 역할을 나누었다. 그들이 그토록 신속하게 움직인 데는 상황의 심각성도 한몫했다.

그들이 장애물로 인해 힘들어질수록 노노는 더욱 활발

히 움직였다. 심지어 그들끼리 만날 때조차 노노의 모습이 눈에 띄었다.

"신이 노발대발했어요."

노노는 펭귄들을 만날 때마다 근거도 없는 말을 마구 내뱉었다.

"신이 보낸 엄청나게 큰 범고래가 우리 물고기를 모두 먹어버릴 거예요. 범고래가 그 거대한 입으로 이 빙산을 산산조각 내버리고 그 무시무시한 입 안으로 우리 아이들을 삼켜버릴 겁니다. 그리고 150미터가 넘는 큰 파도가 밀려들 거예요. 당장 이 말도 안 되는 '유목생활' 계획을 중단시켜야 해요."

어느 날, 루이스 회장은 노노를 한쪽으로 데려가 진지하게 말했다.

"앞으로는 기상예보의 중요성이 더욱 커질 것이므로 그 접근방식에 과학적 요소를 더해야 할 겁니다."

노노는 주의 깊게 들었다.

"그래서 펭귄선생에게 우리를 도와달라고 부탁했소."

루이스 회장이 말했다.

자신의 일을 다른 사람에게 부탁했다는 말에 화가 난 노노는 획 돌아서서 그 자리를 떠나려다 어느새 곁에 와 있는 펭귄선생을 보게 되었다.

　"힘리시의 빙산 충격에 관한 글을 읽어보셨나요?"

　펭귄선생이 노노에게 물었다.

　"1960년대 말에 나온 책이었던 것 같은데……."

　당황한 노노가 서둘러 다른 곳으로 뛰어갔지만, 펭귄선생은 그 뒤를 따라갔다.

　그는 노노가 가는 곳마다 줄기차게 쫓아다녔다.

　"힘리시는 하버드대학교 출신이에요. 좀 더 정확하게 말하자면 말년을 그 대학에서 보낸 분이지요. 초기에는 ……."

　한편 루이스 회장은 탐사대장이 되려고 로비하는 펭귄들에 대해서도 직접적으로 대처했다. 짧지만 아주 단호하게 한마디를 던진 것이다.

　"이제 그만하시죠!"

　앨리스는 노노처럼 행동하는 중진급 펭귄들의 머리를 확 때려주며 그들을 방해하고 싶었다. 하지만 잠시 생각한 후, 처음에는 조금 주저했지만 다른 방법을 선택했다. 중진급 펭귄들과의 정기 모임에서 지금까지와는 전혀 다른 새로운 미래로 나아가지 않으면 어떤 상황에 처하게 될지 언급했다. 그리고 그들 중 세 마리를 불러 자기 옆에 세웠다. 앨리스는 다른 펭귄들이 빙산이 녹는 문제를 해결하기 위해 신나게 벌인 일을 이 세 분이 무척 잘 도와주었다고 모든 펭귄에게 얘기했다. 앨리스는 그 세 마리의 지느러미를 붙잡고 악수로 고마움을 표시하고 칭찬했다. 그 모임은 노노의 강경파 동맹에게는 아무 효과가 없었지만, 대다수 펭귄을 생각하게 만든 게 분명했다.

버디는 유치원 선생님과 얘기를 나누었다. 감상적인 성격의 선생님은 모든 펭귄이 좋아하는 버디에게 자신의 두려움을 모두 털어놓았다. 아마도 그러한 두려움이 아이들에게 들려줄 얘기를 정할 때, 영향을 미쳤을 것이다.

"이렇게 모든 것이 변해버리면……."

그녀는 흐느끼듯 버디에게 말했다.

"더 이상 유치원은 필요하지 않겠죠? 그러면 저처럼 나이 든 선생은 적응하기도 쉽지 않으니 아무런 쓸모도

Our Iceberg is Melting

없을 테고요."

그녀는 매우 혼란스러워했다. 인정 많은 버디는 그녀
가 말을 멈추자 이렇게 말해주었다.

"아니에요. 아이들은 끊임없이 변하는 세상에서 보다
많은 것을 배울 필요가 있어요. 따라서 유치원의 존재는
더욱 중요해질 겁니다."

유치원 선생님의 흐느낌은 잦아들었
다. 버디는 변화를 겪고 난 후에도
아니, 어떤 경우라도 교육의 역할은
상당히 중요하다고 얘기했다.

"제가 장담하건대……."

버디는 진지한 표정으로 열심히 말했다.

"당신은 언제든 아이들에게 필요한 것을 가르쳐줄 수 있어요. 당신은 훌륭한 선생님입니다. 당신은 어디에 가서든 충분히 적응할 수 있을 거라고 믿어요. 꼬마 펭귄들을 너무나 사랑하시니까요."

버디의 말을 듣자 선생님의 얼굴이 비로소 환해졌다. 버디는 차분하면서도 진심 어린 말투로 자신의 말을 반복했다. 기분이 좋아진 선생님은 안도하는 표정으로 버디의 손을 꼭 쥐었다.

참으로 감동적인 순간이었다.

루이스 회장, 펭귄선생, 버디의 이러한 행동은 즉시 효과를 나타냈다. 프레드와 앨리스의 다른 행동도 마찬가지였다. 노노는 더 이상 새로운 문제를 만들어내지 않았다. 어디를 가든 펭귄선생이 쫓아다니며 설교를 했기 때문이다.

"여섯 개의 변수가 바뀌는 것으로 보아……."

"계속 나를 따라오면 가만두지 않겠어요!"

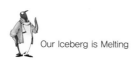

Our Iceberg is Melting

노노가 소리를 질렀다.

"알았어요, 알았어. 그럼 이거 한 가지만 특별히 신경을 써주세요. 여섯 개의 변수가……."

"으악!"

버디와 대화를 나눈 후, 유치원 선생님은 아이들을 모아놓고 힘들고 변화무쌍한 상황에서도 타인을 돕는 영웅의 얘기를 들려주었다. 그 밖에도 훌륭한 얘기를 몇 가지 찾아내 열정적으로 들려주었다. 지금 우리에게는 새로운 상황에 도전할 영웅이 필요하며, 아이들을 비롯해 누구라도 도움이 될 수 있다는 말도 해주었다. 꼬마 펭귄들은 선생님의 얘기를 아주 좋아했다.

그날 저녁, 아이들의 악몽은 대부분 사라졌다.

어른들 사이에도 서서히 변화가 일어났다. 핵심그룹에서 적극적으로 일하던 펭귄의 수가 서른다섯에서 열여덟으로 대폭 감소했던 것과 반대의 경향이 나타난 것이다. 변화로 나아가는 장애물이 사라지자 절망을 느끼며 심란해하거나 무력감을 느끼는 펭귄은 점점 줄어들었다. 그러면서 핵심그룹에 참여하는 펭귄의 수는 다시 늘기 시작했다.

루이스 회장은 일을 신속하게 마무리하려면 약 50마리의 펭귄이 필요할 거라는 계산을 했다. 아직 50마리는 되지 않았지만, 적어도 상황이 올바른 쪽으로 변하고 있는 것만은 틀림없었다.

유치원에 다니는 펭귄 중에 샐리 앤이라는 아이가 있었는데, 이 아이의 마음은 새로운 영웅 이야기로 부풀어 올랐다. 샐리 앤은 유치원이 끝난 후, 종종거리며 집으로 돌아가다가 앨리스를 만났다. 그녀를 알아본 샐리 앤은 얼른 뛰어가 대뜸 물었다.

"저기요, 어떻게 하면 영웅이 될 수 있어요?"

앨리스는 걸음을 멈추고 아이를 바라보았다. 그녀는 요즘 빙산이 녹는 문제, 펭귄부족의 분위기, 탐사대 먹이 문제에 신경 쓰느라 이런 질문은 거의 들어본 적이 없었다. 꼬마 펭귄 아가씨는 자신의 질문을 반복했다. 앨리스는 아이의 눈을 지그시 바라보며 말했다.

Our Iceberg is Melting

"부모님께 이렇게 말씀드리면 된단다. 펭귄 회장님이 부모님의 도움을 필요로 하는데, 무엇보다 탐사대 먹이 문제를 해결하기 위해 물고기 사냥을 도와주면 좋겠다고 말이다. 너희 부모님이 수긍하도록 도와주면 너는 진짜 영웅이 될 수 있단다."

"그게 전부예요?"

샐리 앤의 해맑은 얼굴은 희망으로 가득 찼다.

그다음 날, 샐리 앤은 친구들과 선생님에게 어떻게 하면 영웅이 될 수 있는지 얘기해주었다. 이런저런 얘기들을 나누다 '어떻게 하면 아이들이 유목생활을 현실화하는 데 도움을 줄 수 있을까'에 관한 아이디어가 나오기 시작했다. 유치원 선생님은 규칙에 어긋나는 일이었지만, 정규수업을 일부 취소하고 아이디어를 구체화하도록 도와주었다. 이 아이디어는 '영웅 찬양의 날'이라는 이름으로 불리게 되었다.

일부 학부모는 이 모든 활동에 과민반응을 보였지만, 아이들은 무척 좋아했다.

"넌 전에 악몽을 꾸었잖아."

"아, 이제는 안 꿔요. 전 우리 펭귄부족을 도울 거예요. 선생님께서 우리도 도울 수 있다고 하셨어요, 아빠!"

- 지금 우리가 직면하고 있는 대부분의 장벽은 물리적 장벽이 아니라 심리적 장벽이다.

- 당연하다고 생각하는 고정관념과 신화적 사고방식 이면에 변화를 가로막는 장벽이 존재한다. 모든 변화와 혁신은 오랫동안 자리잡아온 고정관념과 타성을 창조적으로 파괴하는 데에서 시작된다.

1 펭귄부족이 직면한 장애요인에는 어떤 것이 있었는가? 장애요인을 유형별로 구분하고, 이러한 장애요인이 어떤 방식으로 변화추진 과정을 가로막고 있는지 분석해보자.

2 여러분이 몸담고 있는 조직의 변화추진 과정이나 개인적인 비전을 가로막는 장애요인 다섯 가지를 나열하고 그것을 극복할 수 있는 방법을 적어보자.

3 장애요인을 극복하는 과정에서 펭귄부족의 혁신팀이 발휘한 역할과 그들이 구체적으로 어떤 일을 추진했는지를 생각해보자.

Our Iceberg is Melting

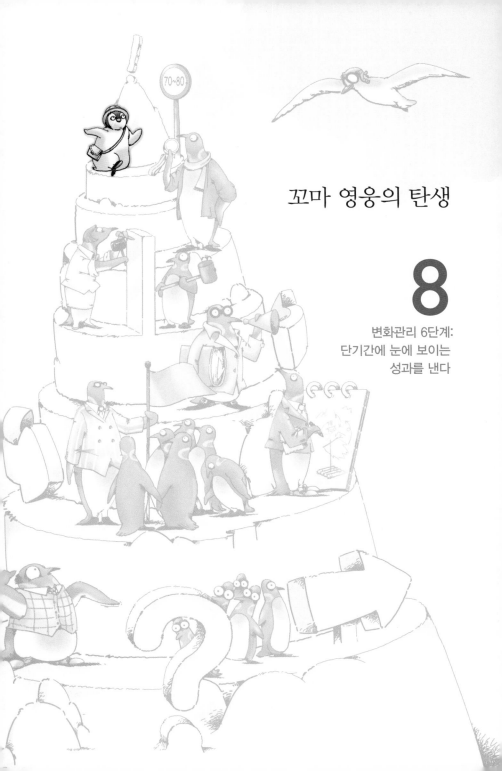

꼬마 영웅의 탄생

8

변화관리 6단계:
단기간에 눈에 보이는
성과를 낸다

비록 어리고
몸집도 작지만,
우리 부족을 위해
뭔가 할 수
있답니다!

루이스 회장은 프레드에게 강인하고 동기의식이 강한 탐사대원들을 선발하여 소규모 엘리트그룹을 만들어달라고 부탁했다. 더불어 일정 기간 그들을 외지로 파견해 펭귄들이 살 만한 새로운 보금자리를 찾아보도록 했다.

　"펭귄들에게 진전 사항을 빨리 보여주어야 해요."

　회장이 프레드에게 말했다.

　"모든 것을 총동원하여 탐사대원들이 자신을 보호할 만한 장비를 갖추도록 도와주세요. 탐사대 전원이 최대한 빨리 안전하게 돌아와야 합니다. 만약 한 마리라도 돌아오지 않으면 펭귄들의 불안감은 높아지고 노노의 경고가 설득력을 얻게 될 테니까요. 지금 당장 새로운 보금자리를 찾아내는 건 중요하지 않습니다. 어느 정도 가능성만 보여주면 됩니다."

드디어 엘리트그룹이 꾸려졌고, 그들은 다음 날 바로 출발했다. 그들은 모두 강하고 총명하고 열정이 대단한 펭귄들로 프레드의 안목이 꽤 괜찮았음을 한눈에 보여주었다.

이제 펭귄부족의 최대 과제는 임무를 마치고 돌아온 지치고 배고픈 탐사대원들에게 먹을 것을 제공할 수 있도록 신선한 물고기를 많이 잡는 것이었다. 그러기 위해서는 엄청난 양의 물고기를 당장 준비해야 했다. 믿기 어렵겠지만, 펭귄 한 마리는 앉은자리에서 대략 9킬로그램 정도의 물고기를 단숨에 먹어치울 수 있다.

하지만 펭귄부족에게는 오로지 자기 아이들하고만 음식을 나눠 먹는 아주 오래된 전통이 있었다.

그렇다면 탐사대를 위한 물고기는 누가 잡을 것인가?

이때 유치원생 샐리 앤이 '영웅 찬양의 날'이라는 아이디어를 내놓아 현실적인 해결책을 마련했다.

샐리 앤의 아이디어는 이러했다. 영웅 찬양의 날 기념 행사로 추첨식 티켓 판매, 밴드 공연, 벼룩시장 등을 마련

Our Iceberg is Melting

하고 입장료로 각자 물고기 두 마리를 내놓는 것이다.

꼬마 펭귄들은 집에 가서 이 행사에 대해 설명했다. 대충 짐작이 가겠지만 아직도 불안감에 사로잡힌 일부 부모는 무슨 말인지 정확히 이해하지 못했고, 일부는 아이들의 생각을 그리 달가워하지 않았다. 또 어떤 부모는 탐사대가 떠났다는 사실조차 모르고 있었다. 그래도 많은 부모가 이런 비상시에 아이들이 그처럼 창의적인 아이디어를 내놓았다는 점을 자랑스럽게 여겼다.

어쨌든 부모들은 아직도 난감해했다. 자기 아이가 아니면 음식을 나눠 먹지 않는 낡아빠지고 구태의연한 전통 때문이었다.

이때, 아이들이 나섰다. 새끼 펭귄들은 엄마, 아빠가 영웅의 날 기념행사에 오지 않고 입장료로 각각 물고기 두 마리를 내놓지 않으면 친구들 앞에서 자기들이 몹시 난처해질 거라고 설득했다.

마음 약해진 몇몇 부모가 물고기를 가져오겠다고 말하자, 다른 부모들도 그렇게 하기로 했다. 사회적 압력은 인간세상뿐만 아니라 펭귄부족에서도 통하나 보다.

루이스 회장은 탐사대 귀환 예정일에 맞춰 영웅 찬양의 날 기념행사를 열기로 했다.

아침 일찍부터 오후 늦게까지 이어진 행사는 눈부신 성공을 거두었다. 펭귄들은 모두 게임, 밴드 공연, 추첨 등 행사에 참여해 즐거운 시간을 보냈다. 물론 탐사대를 기다리는 마지막 순간, 행사는 절정에 달했다.

아니나 다를까 노노는 탐사대 중 절반이 돌아오지 못할 것이라고 예측했다.

"고래 밥이 되었겠지."

그는 최대한 많은 펭귄이 듣도록 큰 소리로 말했다.

"멍청이 펭귄들은 길을 잃었을걸!"

일부 펭귄이 고개를 끄덕이자 그는 계속 떠벌였다. 온몸이 부정적인 생각으로 똘똘 뭉친 노노는 지난 몇 년간 일한 것보다 그날 하루가 더 바빴다.

몇몇 펭귄은 노노의 이런 해괴망측한 말에 짜증이 나서 멀찍이 떨어져 있었다. 어떤 펭귄은 그의 주장에 회의적인 반응을 보였다. 물론 약간의 동요는 있었지만, 결과적으로 노노의 행동 때문에 그날 행사는 더 극적으로 마무리되었다.

드디어 탐사대원들이 하나둘 돌아오기 시작했다. 어떤 대원은 마치 죽음의 문턱을 드나든 것처럼 창백한 표정이었고, 또 어떤 대원은 중상을 입은 상태였다. 앨리스는 부상당한 대원이 있을 것을 예상하고 미리 치료팀을 구성해 기다리던 중이었다. 부상당한 펭귄은 즉시 치료에 들어갔다.

도착한 탐사대원들은 새로운 빙산에 대해 놀라운 얘기들을 들려주었다. 펭귄들은 모두 탐사대원 주변으로 몰려들었다.

지치고 힘들었던 탐사대원들은 다른 펭귄들이 가져다준 물고기를 기쁜 마음으로 순식간에 먹어치웠다. 그들은 자신들이 거둔 성과 때문에 상당히 고무되어 있었다.

탐사대원들이 식사를 끝내자 샐리 앤과 그녀의 친구들이 리본을 가지고 와서 그들 목에 걸어주었다. 아이들이 직접 만든 리본에는 '영웅'이라는 글자가 새겨진 얼음 메달이 반짝이고 있었다.

그 자리에 모인 펭귄들이 환호하자 탐사대원들은 환한

미소로 답례했다.

　루이스 회장은 기념행사를 준비한 샐리 앤을 불렀다. 그리고 다른 펭귄들에게 이렇게 말했다.

　"이것은 우리의 꼬마 영웅에게 주는 것입니다."

　그는 깨진 유리병을 샐리 앤에게 건네주었다. 그것은 전에 펭귄들 사이에서 전설이 된 바로 그 유리병이었다. 펭귄들은 열광적인 박수를 보냈다.

샐리 앤은 기쁨의 눈물을 흘렸다. 그녀의 부모는 자랑스러움에 목이 메었다. 앨리스는 너무 행복해서 평생 이 순간을 잊지 못할 것 같았다.

아이들이 모두 잠들고 난 후, 밤늦게까지 토론이 이어졌다. 많은 펭귄이 탐사대 얘기를 듣고 놀랐으며, 두세 번 들으면서도 계속 감탄사를 연발했다. 유목생활에 회의적이었던 펭귄들도 점점 마음이 누그러지고 있었다. 열정

샐리 앤의 아이디어가
돋보인 행사였어!

적이었던 펭귄들은 예전보다 더 열광했다.

　노노는 어디에도 보이지 않았다. 마치 마법처럼, 메달이 달린 리본을 두른 탐사대원의 모습으로 바뀌기라도 한 듯 말이다.

- 위대한 성공은 작은 실천의 반복을 통해 완성된다. 변화에 성공하려면 작은 성공을 직접 겪어보고 자신감을 가져야 한다.

- 세상은 머리 좋은 사람들의 현학적이고 추상적인 말장난을 통해서 변하는 것이 아니다. 변화는 우직하게 손발을 움직이는 사람들이 만든다. 생각은 산더미처럼 해놓고 손톱만 한 행동도 보이지 않는다면 아무 소용이 없다. 변화는 실천으로 시작해서 실천으로 끝난다.

1 루이스 회장이 펭귄부족에게 탐사대원의 성공에 대해 얘기할 때, 핵심 메
   시지를 어떤 방식으로 전달했는지 다음 사항을 참고로 생각해보자.
   ① 목표달성과 업무진척에 대한 열의와 흥분
   ② 탐사대원의 성공과 지금까지의 변화추진 노력 사이의 연관성
   ③ 탐사대원의 승리가 비전의 정당성을 증명하는 방법

2 펭귄부족에게는 자기 아이하고만 음식을 나눠 먹는 오래된 전통이 있다.
   여러분의 조직에도 아무런 문제의식 없이 계속 전수되고 있는 제도나 관
   습이 있을 것이다. 이러한 전통, 제도, 관습 등을 열거해보고 새로운 시대
   에 맞지 않는 것이 있다면 어떤 점에서 그렇게 생각하는지 적어보자.

3 지금까지 개인적으로 경험했던 성공 스토리를 떠올려보고, 그 체험이 여
   러분의 삶에 어떠한 영향을 미쳤는지 생각해보자.

Our Iceberg is Melting

새로운 보금자리로의
대이동

9

변화관리 7단계:
변화 속도를 늦추지 않는다

녹지 않는
빙산은 없어!
끊임없이 탐사대를
보내고, 이동해야 해!
우리는 변화해야
살 수 있어!

다음 날 아침, 루이스 회장이 탐사대 회의를 소집했다. 펭귄선생도 참석했다.

　"여러분은 무엇을 알게 되었나요?"

　루이스 회장이 물었다.

　"크고 상태가 괜찮으면서 겨울에 펭귄의 알을 보호할 수 있는 빙산이 있던가요? 이왕이면 이곳과 가까워서 나이 든 펭귄들은 물론이고 어린 펭귄들도 안전하게 갈 수 있는 곳이면 좋겠군요."

　탐사대원들은 그들의 새로운 발견에 대해 이야기하기 시작했다. 펭귄선생은 탐사대원의 개인적인 의견과 있는 그대로의 사실을 구분하기 위해 계속해서 질문을 해댔다. 그의 이런 태도가 펭귄들에게 호감을 주진 못했지만, 그래도 매우 효과적인 방법이었다.

영웅 찬양의 날 행사 이후, 빙산 탐험이 매우 힘든 일이었음에도 불구하고 더 많은 펭귄이 2차 탐사대에 지원했다. 루이스 회장은 그 지원자 중 대원들을 선발했고, 그들은 1차 탐사대가 발견한 장밋빛 가능성을 집중 조사하기 위해 떠났다.

부족 내 다수였던 회의론자들은 점점 자신들의 생각을 바꾸기 시작했다. 일부 펭귄은 여전히 신중한 입장을 보였지만 그것은 원래 예민하기 때문이지 합리적이지 못해서 그런 것은 아니었다. 이제 노노에게 관심을 기울이는 펭귄은 아무도 없었다.

앨리스는 여세를 몰아 일을 빨리 추진하느라 정신이 없었다. 어떤 리더십평의회 회원은 현안을 처리할 시간이 없다며 투덜거렸다. 앨리스는 기존의 평의회 회의 중 절반은 쓸데없는 것이었다고 지적했다.

"불필요한 회의는 모두 없애세요."

앨리스가 기탄없이 말하자, 루이스 회장은 그렇게 해주었다.

Our Iceberg is Melting

일의 추진이 너무 빠르다 싶으면 회장은 서둘지 말자고 했지만, 앨리스는 그 말을 귀담아듣지 않았다.

"느슨해지면 모두 용기를 잃어버릴지도 몰라요. 벌써 다음 겨울까지 기다려보자고 말하는 펭귄도 있어요. 다음 겨울까지 기다려서 그때도 모두 살아 있으면 위험을 너무 과장했다며 어떤 변화도 필요하지 않다고 떠들어대겠죠."

앨리스의 말은 좋은 지적이었다.

2차 탐사대는 괜찮아 보이는 빙산과 그곳으로 가는 길을 찾아냈다.

1. 빙산이 녹거나 물이 가득 찬 동굴의 흔적이 없는 안전한 보금자리.

2. 얼음폭풍으로부터 우리를 보호할 만큼 커다란 눈벽이 있음.

3. 훌륭한 사냥 조건.

4. 가는 길에 작은 빙산이나 얼음고원이 많아 어린이와 노인 펭귄이 이주 도중 휴식을 취할 수 있음.

탐사에서 돌아온 펭귄들은 모두 만족했고 들떴으며 무척 행복해했다. 나머지 펭귄들도 탐사대원들을 자랑스러워했으며 그들을 다시 보게 되어 행복해했다.

탐사대를 위한 물고기 모으기는 이때에는 이미 일상적인 일로 취급되었다. 놀라운 변화였다.

펭귄선생은 새로 발견한 빙산과 눈벽에 대해 과학적 평가를 해달라는 부탁을 받았다. 사실 그는 이 일에 그다지 열의가 없었다. 워낙 뚱뚱한지라 새로운 빙산으로 가기가 어려웠기 때문이었다. 하지만 루이스 회장과 조용히 얘기를 나눈 후, 탐사대를 따라갈 준비가 되었다고 말했다.

시간이 흘러 남극의 겨울을 앞둔 대망의 5월 12일. 펭귄들은 새로운 보금자리로 이주하기 시작했다.

가는 도중 이주 행렬이 혼란스럽기도 했고 몇몇 펭귄은 길을 잃어 겁을 집어먹기도 했다. 하지만 이내 길을 찾아 펭귄 행렬에 합류했고, 모든 것이 원하는 대로 순조롭게 진행되었다.

루이스 회장은 뛰어난 리더십 덕분에 펭귄들의 존경을 한 몸에 받았다. 하지만 그는 자신의 자부심이 지나쳐 오만함이 되지 않도록 조심했다.

버디는 상심하는 자를 위로해주고 억압받는 자를 격려했으며 흥분하는 자를 진정시켰다. 그러다 보니 열 마리의 암컷 펭귄이 그만 버디에게 푹 빠져버렸다.

프레드는 누군가가 새로운 문제의 해결책을 찾지 못할 때, 적극적으로 나서서 뛰어난 창의력을 보여주었다.

펭귄선생은 새롭게 얻은 지위를 마음에 들어 했다. 지금까지 생각 없는 펭귄들이라고 무시해왔지만, 막상 그들의 존경을 받게 되자 이상하리만큼 기분이 좋았다.

앨리스는 일에 빠져 지내느라 하루에 세 시간만 잠을 자는 것 같았다.

노노는 끝까지 미래에 대해 어두운 예측을 했다.

겨울이 지났다. 펭귄부족에게는 여전히 이런저런 문제가 있었지만, 그리 걱정할 정도는 아니었다.

그다음 계절이 되었을 때, 탐사대는 더 크고 물고기도 많은 좋은 빙산을 찾아냈다. 그동안 변화가 많았기 때문

에 이제는 새 보금자리에 정착하고 싶은 유혹을 느끼기
도 했지만, 펭귄들은 그것을 이겨내고 새로운 곳으로 이
주했다.

두 번째 이주 과정은 처음보다 훨씬 쉬웠다.

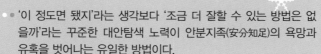

- '이 정도면 됐지'라는 생각보다 '조금 더 잘할 수 있는 방법은 없
  을까'라는 꾸준한 대안탐색 노력이 안분지족(安分知足)의 욕망과
  유혹을 벗어나는 유일한 방법이다.

- 5초간 기뻐하고 다섯 시간 반성하라. 성공에 대한 자축은 짧게 하
  고 더 나은 변화를 위한 아이디어 창출과 대안 탐색에 보다 많은
  시간을 투자하라. 안주(安住)가 시작되는 그때가 조직이 붕괴하기
  시작하는 때다.

1 펭귄부족은 오랫동안 지속된 전통을 파괴한 결과, 탐사대를 위해 물고기를 준비하는 일이 일상사가 되었다. 여러분의 조직에는 그러한 제도가 있는가?

2 펭귄부족은 1차 탐사대의 성공체험 이후 변화의 고삐를 늦추지 않고 2차 탐사대를 보냈다. 그리고 마침내 펭귄부족의 대이동이 시작되었고 또 다른 빙산으로의 이주 생활을 당연시하기 시작했다. 이 과정에서 혁신팀은 구체적으로 어떤 역할을 했는가?

3 탐사대의 성공을 통해 어떤 교훈을 얻었는가? 이 교훈이 미래의 변화에 어떤 영향을 미칠 수 있을지 다음과 같은 점을 고려하여 생각해보자.
① 프로세스: 어떻게 하면 프로세스, 업무 관례, 절차, 정책 등을 비전에 맞게 바꿀 수 있을까?
② 구조: 새로운 프로세스에 맞게 재조정해야 하는 조직도는 어떤 것인가?
③ 기술: 새로운 업무환경을 유지하려면 어떤 정보가 필요한가? 새로운 프로세스를 실행하는 데 필요한 기술은 무엇인가?

꿈의 빙산을 찾아서

10

변화관리 8단계:
조직에 변화를 정착시킨다

그런데 우리의
보금자리는 어디지?
바로 네가 사랑하는
가족이 있는 곳이야!

아직 이야기는 끝나지 않았다.

어떤 펭귄들은 "고생 끝에 이렇게 완벽한 빙산을 찾았는데 또다시 이주를 해야 하다니……"라는 말을 하기 시작했다.

전통이 변하려면 인고의 과정을 거쳐야 한다. 인간세상이든 펭귄부족이든 끊임없이 지대한 노력을 기울여야 기존의 문화가 바뀌는 법이다.

그런데 펭귄 마을에도 문화적 변화가 일어났다. 그것도 여러 가지 면에서.

루이스 회장과 버디, 프레드, 앨리스, 펭귄선생은 토론을 계속했다. 펭귄 마을의 유치원생 샐리 앤, 앨리스가 얼음 포스터를 붙이는 것을 도와주었던 몇몇 펭귄, 그리고 많은 탐사대원이 자신이 이뤄낸 일들을 아주 좋아하기로

마음먹었다. '그것'을 멈추고 싶지 않았다. 펭귄 마을에는 '그것'을 묘사할 만한 적당한 말이 없다. 우리가 전문적으로 표현하자면 '그것'은 바로 '체인지 에이전트(change agent)가 되는 일'이다. 살짝 주저하던 루이스 회장도 이제는 펭귄들이 '그것'을 하는 것을 막지 않았다.

앨리스는 루이스 회장에게 리더십평의회를 개편하자고 말했다. 그러나 회장은 오랫동안 부족을 돕고 부족을 위해 열심히 일해온 펭귄들에게 무례한 행동을 하는 건

도리가 아니라고 생각했다. 권위를 보존하며 변화를 추
진하기란 쉬운 일이 아니었다.

　앨리스는 끈질기게 자기주장을 굽히지 않
았다. 앨리스가 한번 끈질기게 물고 늘어
지면 어떻게 되는지 이제 여러분도
알 것이다.

　탐사대원을 뽑을 때
는 엄격한 선발방식을
도입했다. 또한

탐사대원에게는 예전보다 더 많은 물고기가 주어졌으며 그들의 입지도 점점 더 높아졌다.

펭귄학교 교과과정에는 '탐사학'이라는 새로운 과목이 필수과목으로 채택되었다.

펭귄선생은 기상예보 단장직을 맡게 되었다. 처음에는 마지못해 하는 것 같더니 기상예보에 '진정한 과학'을 가미하면서 자신의 일을 사랑하게 되었다.

프레드는 리더십평의회 탐사대장으로 일해달라는 제안을 받았다. 그는 영광스럽게 생각하며 이를 수락했다.

버디는 여러 가지 중요한 제의를 거절하고 그 대신 리더십평의회가 다른 괜찮은 후보를 찾도록 도와주었다. 버디는 본래 야망이 없어서 한 행동이었지만, 펭귄들은 모두 버디가 겸손하다고 칭찬했다. 그래서 펭귄들은 이전보다 훨씬 더 그를 좋아하게 되었다.

이제 펭귄들은 유목민처럼 떠돌아다녔다. 대부분 이런 생활방식을 받아들였고 어떤 펭귄은 이렇게 사는 것을 무척 좋아하게 되었다. 물론 어떤 펭귄은 새로운 생활방식에 적응하기 힘들었을지도 모른다.

루이스 회장은 은퇴 후, 펭귄부족 전체의 대부 같은 존재가 되었다. 그는 자신에게 주어진 자유시간을 생각보다 훨씬 즐겁게 보냈다. 지금은 균형감각이 발달한 앨리스가 회장직을 이어받았다.

펭귄부족은 나날이 번창해갔다.

샐리 앤은 가끔 친구들을 만나 펭귄들의 마음에 안일함이 자리 잡으면 안 된다고 얘기하곤 했다. 친숙하지 않은 세상에서 유목생활을 하다 보니 안일함을 치명적으로 생각하게 된 것이다. 이제는 앨리스에게 허락을 구하지도 않았다. 몇몇은 옳지 않은 일이라고 생각했지만 어쨌든 그렇게 했다.

질서를 지키는 것이 자신의 역할이라고 생각하는 펭귄들과 불가피한 변화를 만들어내는 것을 다급하게 생각하는 펭귄들 사이에 늘 긴장감이 감돌았다. 그래도 대부분의 펭귄은 이 새로운 시대에 양쪽이 다 번성해야 한다고 직감적으로 이해했다. 앨리스는 달인이 될 가망성이 있는 펭귄들과 다소 덜 반가운 느림뱅이 펭귄들 양쪽 모두를 위해 바쁜 스케줄에도 시간을 낼 것이다.

새끼 펭귄들은 루이스 할아버지에게 '위대한 도전'에 대한 이야기를 해달라고 계속 졸라댔다. 처음에 그는 과거의 성공을 자랑하는 늙은이로 비칠까 우려했지만, 중요한 정보를 다음 세대에게 대대로 물려주는 것도 유익할 수 있다는 생각에 마음을 바꿨다.

그래서 루이스는 빙산이 녹고 있는 어려운 상황에 대처하기 위해 부족 내에 위기감을 조성한 일, 변화를 선도할 조직을 구성한 일, 올바른 비전을 마련한 일 등을 새끼 펭귄들에게 들려주었다. 그뿐 아니라 펭귄들이 비전을 이해하고 받아들이도록 어떻게 홍보했는지, 행동에 걸림돌이 되는 요소는 어떻게 제거했는지, 그리고 새로운 생활방식이 뿌리내릴 때까지 고삐를 늦추지 않기 위해 어떤 자세를 취했는지에 대해서도 얘기해주었다.

더불어 변화를 거부하고 전통에 집착해도 변화가 필요하면 이를 극복할 수 있음을 확신한다고 말해주었다.

루이스는 새끼 펭귄들의 대화를 엿들으면서 빙산과 '보금자리'에 대한 미래 세대의 사고방식 자체가 변화했다는 점을 깨닫고 크게 놀랐다.

"떠돌아다니며 사는 것도 재미있는걸. 근데, 우리의 보금자리는 어디지?"

"그건 간단해. 네가 사랑하는 가족이 있는 곳이 바로 너의 보금자리야."

- 기업문화는 기업의 체질과 경쟁력을 결정하는 토양이다. 산성 토양에 알칼리성 식물이 자랄 수 없다. 체질개선에는 장기간의 노력이 필요하듯 토양으로서의 기업문화 개선에도 장기간의 끈질긴 노력이 필요하다.

- 솔선수범하는 리더십은 기업문화 개선에 가장 중요한 원동력으로 작용한다. 모든 의사결정과 업무추진 방식에 함께 추진하기로 한 비전과 핵심가치를 적용하고 그에 따라 업무성과를 평가해나간다면, 기업문화는 서서히 개선될 것이다.

1 펭귄부족의 문화적 전통을 새로운 방식으로 바꾸는 데 많은 구성원이 기여했다. 특히 혁신팀은 매우 중요한 교훈을 남겼다. 펭귄부족의 문화적 전통을 바꾸는 데 이들이 각각 어떤 역할을 했는지 생각해보자.

2 기업문화는 구성원의 행동규범과 가치가 반영되어 장기간에 걸쳐 형성되며, 이는 기업의 경쟁력 강화를 위한 토양이다. 펭귄부족의 행동규범과 가치가 구체적으로 어떻게 바뀌었는지 적어보자.

3 여러분의 팀이나 부서 또는 조직에서 소중하게 생각하는 행동규범과 가치를 과거-현재-미래에 근거하여 열거해보고 기업문화를 결정하는 중요한 요소들이 어떻게 변화되고 있는지 생각해보자.

첫 대화를 생산적인
대화로 이끌어가기

변화와 성공

우리의 책을 즐겁게 읽었기를 바란다. 독자 여러분이 혹시 이 책에서 이끌어낸 통찰력에 근거해서 실제 세상에서 뭘 할지 생각하느라 머릿속으로 한 시간에 100마일을 달리는 유형이라면 이제 생각은 그만하고 행동에 옮기라고 권하고 싶다. 직관을 믿어야 한다. 일터와 가정에서 더 나은 삶을 만들어야 한다.

혹시 이 이야기를 이용할 만한 다른 아이디어가 몇 개 필요하다면, 우리 저자들이 조심스럽게 제안하는 다음의 내용을 참조하기 바란다.

펭귄과 나

이 이야기에 등장하는 주요 등장인물들은 독자 여러분을 포함하여 우리 주변의 사람들과 비슷한 데가 많다. 우선 여러분은 이 이야기 속 펭귄들 중에 누가 자신과 가장 비슷하게 행동하는지 궁금할 것이다. 여러분은 프레드와 닮았을까? 아니면 앨리스? 루이스일까? 혹시 버디일까? 아니면 조던 교수일까? 샐리 앤 같은 열정적이며 자발적인 사람일까? 혹시 두 펭귄의 조합은 아닐까? 대부분 프레드를 닮았지만 배경에 강인한 루이스의 모습이 자리 잡고 있지 않을까?

여러분이 새롭고 과감한 생각을 추구할 때마다 앞길을 가로막고서 여러분의 용기와 헌신을 시험하는 노노 같은 사람이 있을 가능성이 무척 크다. 이 이야기 속의 영웅들은 펭귄 마을의 성공을 위해 저마다 다른 방식으로 공헌했다. 누구도 완벽하지 않았다. 하지만 모두들 필요한 인물이었다. 그럼 이제 스스로에게 물어보자. 내가 가진 재능, 아니 나의 한계를 가장 잘 보완해줄 펭귄은 누구일까? 이런 생각은 흥미로운 활동이 될 수 있다.

그룹 토론의 위력

마지막으로 그룹 토론의 위력을 고려해야 한다. 변화를 겪는 팀 가운데 심적 지도(mental map)를 공유한 팀은 거의 없었다. 심지어 예측 가능한 당면 문제를 얘기하거나 이러한 문제를 해결할 수 있는 현명한 방법을 갖고 있는 팀도 거의 없었다. '협의(alignment)'는 오늘날 자주 사용되는 말로, 지금 여기서부터 시작된다. 그러니 이제 주위 동료들에게 이 책을 건네라. 이 책에 대해 이야기할 시간을 잡아라. 아니면 이미 스케줄이 잡힌 회의에 이 책에 대해 토론할 시간을 추가하라.

아래에 지난 수십 년간 봐왔던 수많은 회의 중에 나왔던 몇 가지 유익한 대화를 싣는다. 각각의 대화는 실제로 단 몇 분 만에 이루어졌다. 우리가 대화의 세부 내용을 완벽하게 기억하는 것은 아니다. 다만 여기서 나오는 아이디어는 여러분에게 무엇이 가능한지 알려주고, 여러분의 상황과 팀에게 도움이 될 수 있는 대화를 어떻게 이끌어낼 것인지 생각하도록 격려할 것이다.

사례 1: 빙산은 가끔 아주 천천히 녹는다

첫 번째 사례로 10여 명의 사람이 한 시간 반 동안 가진 회의에서 나온 대화 중 일부를 소개한다. 우선 회의 전에 이 책을 읽으면서 최근 조직 내에서 변화를 위해 기울인 노력을 곰곰이 생각하라는 과제를 내주었다. 본인들의 경험과 주변 사람들의 경험을 통해 더 많이 배우는 것이 목표였다. 회의 초반에는 주로 이런 대화가 이어졌다.

"지난 3년에서 5년 사이에 우리에게 녹아내리는 빙하 문제가 있었나요?"

한 사람이 물었다.

"당연히 있었죠."

두 번째 사람이 재빨리 대답했다.

"제가 보기에 가장 분명한 문제는 우리 고객들이 표현한 만족감과 관련이 있는 것 같아요. 몇 달 안에 폭발했을지도 모르는 펭귄들의 문제처럼 극적인 것은 아니지만요. 사실 그게 우리의 가장 큰 문제죠. 문제가 몇 년 동안 너무 천천히 일어나는 바람에 전혀 극적이지 않다는 것."

"하지만 펭귄들도 같은 상황이었죠. 알아차리지 못할 정도로 빙산이 천천히 녹고 있었잖아요. 누군가가 그런 문제가 있다고 지적하면, 증거가 어디 있어? 지금 무슨 말을 하는 거야? 같은 반응이 자연스럽게 나오기 마련이죠. 문제를 다른 사람 탓으로 돌리거나 변명거리를 만드는 식이죠. 고객 만족감이나 의미 있는 결과가 소폭 감소했다고 지적해도, 곧 사라질 문제 취급하죠. 부정적인 것들에 초점을 맞춰 얘기해도 서비스에 대한 긍정적인 말들이 여전히 많이 나온다는 뜻이에요."

"돌이켜보는 건 쉽죠. 물론 그 당시는 그렇지 않았겠지만."

"내가 보기에 우리 그룹이 오랫동안 너무 성공한 게 가장 큰 문제인 것 같아요. 자만과 위안이 넘쳤죠."

"그때 프레드 같은 사람은 없었나요?"

"있었죠. 설리번이 프레드 같은 사람이었죠. 타미도요."

"맞아요. 근데 몇 번 후려 맞더니 바로 물러나버렸죠. 그들을 비난하는 건 아니에요. 그렇게 거절당하면 기분이 몹시 나쁠 테니까요."

"그건 중요한 게 아니에요. 중요한 것은 펭귄들과 마찬가지로 녹아내리는 빙산 문제를 놓치거나 경고의 목소리를 거부하기가 쉽다는 거예요. 일이 극적인 방식으로 일어나지 않는다면요."

홀거와 존의 메모 '빙산' 이야기가 실제로 대화를 어떻게 촉진하는지 살핀다.

사례 2: 함께 있는 사람들이 아닌 필요한 사람들과 어울려라

다음은 또 다른 회의에서 나온 대화다.

"혹시 여러분 중에 특별히 성공한 의미 있는 변화 사례를 보신 분이 있나요?"

"2년 전, 카라의 팀이 아주 짧은 기간에 엄청난 성공을 거둔 것 같아요. 아시다시피 카라의 팀은 일이 무척 잘 풀렸죠."

"저도 그 말에 동의해요."

"그럼 그 사람들은 어떻게 해서 그런 성공을 거두었죠?"

"변화를 이끌어낸 사람들과 관련이 있죠."

"그게 무슨 말이죠?"

"카라는 루이스 회장과 비슷한 사람이에요. 또한 카라에겐 앨리스와 비슷한 조지 카터가 있었죠."

"카라에겐 프레드 같은 사람도 한 명 이상 있었어요."

"송도 그런 사람이에요. 송은 신입사원 축에 속했는데 다소 순진하긴 했지만 창의적인 생각으로 가득했죠. 정말 창의력이 넘쳤어요."

"그리고 조던 교수와 비슷한 구석이 많은 팀원도 있었죠."

"버디와 닮은 로드리게스도 있었잖아요."

"카라도 루이스 회장처럼 신중하게 그 사람들을 골랐나요?"

이 부분은 아무도 알 수 없었다.

"제가 알기로 카라는 그들에게 IT 트랜스포메이션 전담반에 들어오라는 말만 하지는 않았어요. 그들을 개별적으로 만나서, 이미 할 일이 너무 많거나 다른 일로 마음이 분주한 사람이 있다면 거절해야 한다고 말했죠. 카라는 함께 있고 싶은 사람들만 팀원으로 만들려는 성향이 있었죠. 성공하기 위해서라면 뭐든지 할 수 있는 사람들만 팀원으로 받아들인 거죠. 이 부분은 루이스 회장과 정말 비슷해요."

"맞아요."

이때 어떤 사람이 방금 '맞아요'라고 대답한 사람을 쳐다보며 질문을 던졌다.

"등장인물 가운데 당신이랑 가장 닮은 건 누군가요?"

"저랑요?"

"네."

"당신은 어떻게 생각하죠?"

"70퍼센트는 프레드, 30퍼센트는 버디라고 말할 거예요."

몇몇 사람이 고개를 끄덕였다.

"여기 모인 사람들 중에 노노처럼 행동하는 사람이 있나요?"

거의 모든 사람이 방 안에 있는 한 사람을 쳐다보았다.

"난 그렇게 나쁜 사람이 아니에요." 그 남자가 말했다.

홀거와 존의 메모 냉소적인 웃음이 아닌 진심 어린 웃음소리의 위력을 절대 과소평가하지 말라. 스트레스와 방어적인 태도를 줄여줄 뿐만 아니라 쉽게 꺼낼 수 없는 대화를 조성하는 힘이 있다.

사례 3: 그야말로 끝내주는 최고의 변화가 있다면?

대화 한 토막을 더 싣는다.

"지금까지 본 변화 계획 중에 가장 큰 실수는 무엇인가요?"

"쉬운 질문이네요. 바로 '점프 포워드 프로젝트(Jump Forward Project)'가 그런 경우죠."

방 안에 모인 사람들 중 절반이 잽싸게 고개를 끄덕였다.

"그 프로젝트가 왜 그렇게 실패한 거죠?"

"제가 보기에 진정한 긴박감을 전혀 살리지 못한 것 같아요. 그들은 그저 프로젝트 사무실만 준비했죠. 그리고 계획을 내놓았죠. 사람들에겐 실행할 계획이 주어졌죠. 그런데 제가 보기에 그 사람들 중 절반만 프로젝트의 의미와 중요성을 이해한 것 같았죠. 어떤 사람들은 그 프로젝트를 실수라고 생각했어요. 너무

바빠서 프로젝트에 관심을 기울일 수 없는 사람들도 있었죠. 그래서 그 프로젝트를 맡은 사람들은 정말 열심히 일했지만 곧 이러지도 저러지도 못하는 교착상태에 빠진 것 같아요."

"누구든 긴박감을 조성하려고 노력한 사람이 없었나요?"

"있었다고 해도 유리병 에피소드나 빙산 모형, 루이스의 감동적인 연설, 회의적인 사람들을 설득하는 데 도움이 된 영웅의 날만 한 건 없었죠."

"그 사람들도 처음에는 의미 있는 변화가 왜 필요한지를 알리려고 했어요. 그런데 의사소통이 부족했어요. 상사가 전달한 메모에 불과했죠. 공지사항이야 수없이 보냈겠죠. 그런데 여러분도 아시다시피, 펭귄들의 의사소통과는 전혀 달랐어요."

"의사소통이 문제였어요. 펭귄들이 매일 헤엄치는 물속에 붙인 빙산 포스터만 한 게 없었잖아요. 도와주는 사람은 많았지만, 끈질긴 노력도 그 외 다른 많은 것도 없었어요."

"최신의 프로젝트 리포트가 있었어야죠."

"당연히 있었겠지만, 나는 그걸 그 부서 책임자들만 봤지 영향을 받거나 도움이 되었을 수백 명의 사람은 보지 못했다고 확신해요."

"그 말이 맞아요. 나는 아무것도 보지 못했어요."

"아만다나 탐사대원들, 유치원생 샐리 앤 같은 열광적인 자원

봉사자들이 거의 없었지요."

사례 4: 변화 자체를 지속하지 않는 변화는 결코 변화가 아니다

마지막 사례다.

"그들이 사용했던 모든 계량적 분석 덕분에 신규 시장 전략이 성공적으로 수행될 수 있었죠. 그런데 전 지금 누군가는 이런 질문을 할 것 같아요. 그들이 우리가 실제로 시장에 다니는 것을 보고 우리가 이뤄낸 결과를 보며 객관적으로 판단했는지, 우리가 이뤄낸 성공이 지속되고 있는지. 어쩌면 우린 올바른 아니 전도유망한 방향으로 살짝 자리를 옮겼을지도 모르죠. 그런데 몇 년 전과 비교해볼 때……."

"우리가 그쪽에서 늘 처리했던 방식에 더 가까워졌죠."

"그럼 뭐가 잘못됐나요?"

"자, 펭귄들을 생각해보세요. 그들은 뭐가 달랐나요?"

"많은 펭귄이 시합에 뛰어들었죠. 우리보다 많은 펭귄이 긴박감을 조성했고요. 대부분의 펭귄이 실제로 일어나는 일을 믿었고, 많은 펭귄이 변화를 이루는 데 참여했어요. 그들은 변화를 원했어요. 자발적으로요."

"제가 보기에 우리의 비즈니스에 선불 판매 사례가 있었던 것 같아요."

"파워포인트가 한 무더기 있던 게 기억나요."

"난 모르겠는데."

"아니요, 있었어요. 그 이후에 운영 계획과 예산에 다른 계획을 더하고, 사람들에게 책임을 지우는 문제가 생겼죠."

"하지만 우린 늘 그러잖아요. 게다가 효과도 있고요."

"아니요, 우린 그저 일상 업무를 해내거나 사소한 개선만 한 거죠. 효과가 있는 것처럼 보일 뿐이에요. 우린 지금 근본적인 변화에 대해 얘기하고 있어요."

"그럼 일상 업무와 사소한 개선을 보다 커다란 변화와 구분하는 것이 중요하다는 말이죠?"

"전 그렇게 생각해요. 지금 토론할 가치도 있고요. 잠시 시카고 사무실이 한 일을 생각해보죠."

홀거와 존의 메모 어떤 종류의 계획이든 변화할 필요가 있는 계획을 고려할 때, 얼마나 많은 사람이 자신이 하는 일을 고칠 필요가 있는지 곰곰이 생각해야 한다. 숫자가 커질수록 해당 문제는 규모가 큰 변화가 되어버린다. 그러면 소규모와는 다른 과정이 필요해진다.

이제 우리의 생각을 이해했나?

우리는 첫 대화가 다른 대화로, 결국 더 생산적인 대화로 이어지는 것을 봐왔다. 더 사려 깊고, 특정 상황이나 주제에 대해 더 잘 알고, 덜 방어적인 방향으로 말이다. 사람들이 참조 기준을 공유하고 대화를 나누면서 오해가 줄어들었다.

우리는 첫 번째 토론이 겉으로 보기에 살짝 어색하게 시작된다는 것을 알게 되었다. 진지한 어른들이 유치한 우화에 대해 얘기하고 있으니 그럴 수밖에 없다. 이런 대화는 초조한 웃음소리로 이어질 수 있다(그런데 웃음은 나쁜 게 아니다). 아니면 대화에 큰 위협감을 느낀 사람들이 대화를 막으려고 할지도 모른다.

그러나 지극히 이성적인 질문을 하거나 그에 대답할 정도로 용감한 사람 한두 명만 있으면 된다. 그럼 이런 토론이 곧 유행하게 될 것이다.

우리는 여러분도 바로 시도해보라고 강력히 권하고 싶다.

Our Iceberg is Melting

저자들과의 대화

리더십과 팀워크의 힘

Q   《빙산이 녹고 있다고?》의 최신개정판을 낸 이유는 무엇인가요?

존 코터   두 가지 이유가 있습니다. 우선 지난 10년 동안 중요한 변화를 계속해서 겪고 있는 이 세계에 대해 어떠한 언급도 하지 않는다는 건 있을 수 없다고 생각했습니다. 10년간 이 책을 이용해온 사람들과 함께 이 책이 어떻게 그들에게 도움이 되었는지에 대해 이야기하면서 저희 역시 많이 배울 수 있었는데, 이러한 정보를 우리의 현재 독자들을 위해 알리고 싶습니다.

Q   지난 10년간 무엇을 배우셨나요?

존 코터   기본적으로 대부분의 산업이나 분야에서, 거의 모든 곳에서 변화의 속도가 계속해서 빨라지고 있는 걸 볼 수 있습니다. 그 결과 운영, 마케팅, 영업, 재정 등 모든 분야와 관련해 기관 내부에서 중대한 결정을 내릴 일이 많아졌습니다. 이것이 의미하는 바는 굉장합니다.

홀거 래스거버   가령, 오늘 돌아다니면서 "여러분들 중 직장에서 어떠한 형태로든지 변화와 관련 있는 일을 하는 분이 있으신가요?"라는 질문을 해보면, 경영 회의 자리든 영업 회의 자리든 제품 생산 포장 라인이든 간에 손을 드는 사람이 10년 전보다 놀라울 정도로 많아졌음을 알 수 있습니다. 제 생각에 실제로 우리 중

대부분은 이러한 현실을 맞이할 준비가 되어 있지 않습니다. 적어도 필요한 수준으로는 말이죠.

우리는 주도적으로 변화를 이루어내야 하는 프로젝트로 사람들을 내몰면서 삶과 과거의 경험이 좋은 선생이 되어줄 것이며, 그로 인해 오늘날 필요한 통찰력과 기술을 습득하리라 생각합니다. 하지만 우리는 대규모의 변화를 꾀할 때 실제로 이러한 방법이 통하지 않는다는 걸 몇 번이고 봐왔습니다. 과거를 의미하는 삶은 꽤 나쁜 선생이 될 수도 있습니다.

그렇기 때문에 이 이야기가 꽤나 중요성을 갖고 있는 게 아닐까 생각합니다. 우리가 무얼 할 수 있는지, 무얼 해야 하는지, 무얼 해야만 하는지에 대해 혼동이 오는 순간 그에 필요한 언어와 방향을 찾도록 도와주기 때문이죠. 이 책에는 최소한의 절차가 담겨 있습니다. 이 절차는 실제 연구와 우리가 겪은 수많은 실제 상황을 바탕으로 하고 있습니다. 쉽게 할 수 있었던 일은 아니지만 그렇기 때문에 정확하다고 할 수 있습니다. 이 책은 사람들이 혼란스러워할 때 많은 도움이 될 것입니다. 간단히 말해 이 이야기의 핵심은 행동의 순서로, 여러분과 여러분 팀이 단지 약간의 수익이 아니라 상당한 수익을 내며 성공할 확률을 높여줄 것입니다. 이것이 바로 우리가 이 책을 처음 쓰기 시작한 이유입니다. 그리고 우리가 새로운 통찰력을 더해 최신개정판을 내는 이유이고요. 저는 이 책이 분명 10년 전보다 더 의미 있고 중요해졌다고 확신합니다.

Q   **이야기에 바뀐 부분이 있나요?**

존 코터   이 책을 다른 사람들과 함께 꾸준히 사용해온 충실한 독자들은 우리가 미세하게 바꾼 부분을 알아차리지 못할 것입니다. 마치 영화를 찍을 때 실제 영화에 사용할 것보다 더 많은 양을 찍어두는 것과 비슷한 맥락입니다. 가령, 감독이 10년이 지난 후 관객들의 피드백을 수용해서 새로운 '감독판'을 만들었다고 생각해봅시다. 관객들에게 더 강력한 경험을 선사해줄 수 있는 영화를 만들기 위해서 말이죠. 감독은 영화가 처음 개봉한 이후 10년간 사회가 어떻게 변해왔는지 고려할 것입니다. 다시 한 번 말하지만 이 모든 것은 오늘날 그 영화를 더욱 강력하게 만들기 위해서죠. 그래서 기존 영화에는 없었던 일부 대사나 짧은 장면들을 추가하기도 합니다. 어떤 대사는 잘려나가기도 하죠. 작은 변화이지만 매우 의도적인 것입니다. 이야기는 여전히 그 이야기이지만 변화라는 것을 신속하게 극복할 수 있는 방법을 배워야 한다는 점을 감안할 때 더 강력한 메시지가 되길 바라는 것이죠. 바로 이러한 일들이 이 책에서도 일어난 것입니다.

홀거 래스거버   예를 하나 들어볼까요. 오늘날 더욱 급격하게 변하는 세상 속에서 종종 우리는 10년 전보다 더 중요한 결정들을 회사에서 내리게 됩니다. 더 큰 도약이죠. 목표 역시 더 높아졌고 모든 것이 빠르게 진행되어 처음 시작 단계에서는 무엇이 어떻게 변할 것이라고 정확하게 말할 수도 없을 지경입니다. 이러한 불확실성은 불안을 더 많이 초래합니다. 그래서 우리는 이야기에 사람들이 현실에 대처하는 한 가지 방법을 반영하는 작은 변화를 주었습니다.

루이스가 무리 앞에 서서 빙산이 녹고 있으니 무언가를 해야한다고 말했을 때를 생각해보세요. 해결책이 손에 쥐어진 것도 아니고 심지어 아무 생각도 없는 상태에서는 당연히 '아무 문제도 없는데' 패닉과 공포에 곧바로 빠질 사람은 드물 것입니다. 이는 '문제가 있다'는 걸 모르는 것만큼이나 위험합니다. 그래서 이번에 우리는 고민하느라 아무것도 하지 않는 펭귄들에게 버디와 다른 펭귄들이 말을 하도록 했습니다. 이런 새로운 단락은 작은 변화이지만 중요한 것이죠.

Q   코터 씨는 특히 변화하는 세상에서 조직적 성과와 좋은 결과를 내기 위한 리더십에 대해 10년간 연구해왔고, 그 연구 결과는 주로 경영인을 위한 전문서적으로 출판되었습니다. 이번에는 우화라는 매우 다른 방식을 택했는데, 이유가 무엇인가요?

존 코터   저는 오랫동안 사람들이 어떻게 학습하는지를 연구했습니다. 우리의 뇌는 이야기에 적합하다고 생각합니다. 좋은 이야기에 특히 감정적인 요소가 더해지면 쉽게 흡수되고 잘 기억할 수 있습니다. 아마도 수만 년 동안 인간이 학습해온 방법이기 때문일 것입니다. 리더는 젊은이들에게 부족 중 누군가가 검치호랑이의 입에서 저녁거리를 뺏어 와서 부족을 살렸다든가 검치호랑이에게 잡아먹혔다는 위대한 이야기를 전합니다. 이는 중요한 교훈이 담긴 박진감 넘치고 흥미로운 이야기가 됩니다.

이야기의 한 형태로 우화가 있죠. 짧을 뿐만 아니라 전통적인 경영서보다 훨씬 넓은 범위의 사람들에게 다가갈 수 있다는 장점도 있습니다. 동물들이 등장해 특이한 일을 하는 이야기를 흥미롭게 잘 만들어주기만 한다면 그 이야기는 놀라움을 자아낼 수 있고 더더욱 기억에 남게 됩니다. 좋은 우화는 우리 마음속에 계속 남아 있기 때문에 실제로 우리 행동에 변화를 줍니다.

그래서 홀거가 이런 엄청난 아이디어를 생각해냈을 때 저는 중요한 경영 지식을 우화의 형태로 녹여내는 것에 대해 생각해보게 되었고, 이에 대해 사람들에게 말했습니다.

홀거 래스거버 이 모든 것은 존의 저서 《기업이 원하는 변화의 리더》에 나오는 8단계에 관해 경영인과 임원진을 대상으로 두세 시간가량 강연을 해달라는 부탁을 받았을 때 시작되었습니다. 당시

저는 파워포인트를 이용한 발표는 좋지 않다고 생각했습니다. 그
래서 녹고 있는 빙산에 앉아 있는 펭귄 무리에 대한 대략적인 줄
거리를 만들었죠. 이 펭귄들은 전형적인 문제에 대면하고 8단계
를 밟아나갑니다. 그 이야기는 우리가 최종적으로 쓴 것을 매우
간추린 버전이었죠. 하지만…….

존 코터   홀거는 자신이 한 일에 대해 저에게 메일로 간단하
게 말해주었고 저는 그것이 몹시 창의적이라고 생각했습니다. 완
전히 반해버렸죠. 그렇게 하나의 사건이 다른 일로 이어졌고 1년
쯤 후 책을 쓰자는 말을 했습니다.

Q   **그러면 이 우화는 연구와 직접 조사한 실제 이야기를 바탕
으로 하고 있나요?**

존 코터   그렇습니다. 이 작업의 단서들을 모두 보기 위해서
얼마나 예전으로 거슬러 올라가야 할지 모르겠습니다. 분명한
것은 30년 혹은 그 이상이라는 것입니다. 지난 10년간 우리는 더
많은 것을 배우기도 했습니다.

Q   **최신개정판에는 최근 연구가 반영되어 있나요?**

존 코터   네. 예를 들어, 사람들이 아주 안일한 상태에 있을
때 빙산이 녹고 있는 상황처럼 위험에 대해 이야기하는 것은 이

목을 집중시키기에 아주 좋습니다. 하지만 계속해서 위험하다고만 말하면 사람들은 패닉 상태에 빠집니다. 패닉 상태는 아무런 도움이 되지 않습니다. 그럴 때 사람들은 공동체보다는 자기 자신이나 자기 가족에 대해서만 걱정하게 되니까요. 그리고 불안은 사람을 지치게 만들기 시작합니다. 필요한 변화를 대대적으로 이루기 위해서는 위험성이 아닌 기회에 초점을 맞춰야 한다는 것을 지난 10년 동안 여러 사례를 통해 알 수 있었습니다. 우리는 보다 긍정적인 방식으로 접근해야 합니다. 그래야 조직원들이 지치지 않고, 스스로에게만 집중하지 않습니다. 긍정적 사고는 동기를 부여해주고 조직에 집중할 수 있게 만듭니다. 첫 번째 예시는 여기까지 하죠.

홀거 래스거버 두 번째 예를 들어보죠. 굉장히 빠르게 변화하는 세상에서 그 변화에 필요한 속도로 대처하려는 사람들의 수, 적극적으로 참여하려는 사람들의 수가 조금이 아니라 크게 늘어났습니다. 그리고 우리의 전통적인 대처 방법은 그렇게 많은 사람들의 활동을 책임질 수 없습니다. 또한 우리 주위 사람들에게 주입식 변화를 유도하는 것은 좋지 않습니다. 그런 방식으로는 문제가 해결되지 않습니다.

변화를 이끌어내기 위해서는 보다 큰 조직이 필요한데, 최소한 핵심 조직을 도와주는 사람들이 있어야 합니다. 소통은 언제나 중요한 역할을 합니다. 많은 사람이 참여하고 있고, 그보다 더 많은 참여를 이끌어내야 한다면, 이들 중 어느 누구도 빠트리지 않고 지속적으로 소통할 필요가 있습니다. 이들에게 신용을 얻기 위해서는 모두에게 성과에 대한 정보를 퍼트리고 알려야 합니다. 그리고 범위를 설정하고 어떤 도움이 필요한지를 알려서 불필요한 일거리를 더 만들어내지 않고, 실제 비전에 영향을 줄 수 있는 창의적인 해결책을 내고, 많은 사람이 주도적으로 참여할 수 있도록 해야 합니다.

Q   펭귄을 캐릭터로 선택한 이유가 있나요?

홀거 래스거버 8단계에 관한 존의 저서 《기업이 원하는 변화의 리더》 표지에 이미 펭귄이 있었습니다. 그것이 저희의 결정에 영향을 미쳤다고 할 수 있습니다. 또 다른 이유는 펭귄, 그중에서도 황제펭귄은 우리 인간이 쉽게 공감하고 얼굴에 미소를 띠게 하는 신비한 매력이 있는 동물입니다. 이런 점은 매우 유용하죠.

Q   독자들이 꼭 기억했으면 하는 것이 있나요?

존 코터   있습니다. 불안정한 시기에는 리더십이, 최정상에 있는 한두 명만의 리더십이 아니라 충분한 리더십이 요구되지만 실상은 너무 부족합니다. 리더십은 무슨 일이 생기기를 기다리지만 않고 다른 사람들이 문제, 잘못, 위협이라고 생각하는 것을 기회로 포착해내는 단 한 사람에서부터 시작됩니다. 왜 당신, 혹은 이 인터뷰를 읽고 있는 누군가가 그 한 사람이 될 수 없겠습니까?

홀거 래스거버 그리고 모든 것은 리더십과 더불어 팀워크에 달려 있습니다. 8단계는 오늘날 대부분의 경우에 해당하는, 변화가 필요한 시기에 어떻게 일하는 것이 바람직한지를 잘 보여주는 가이드입니다.

해제

펭귄으로부터 배우는
아름다운 변화

즐거운 변화, 행복한 변화를 통한
감동의 성장 스토리

✳

　변화는 인간사의 영원한 숙제다. 변화에 대한 유일한 진리는 '이 세상에 변하지 않는 것은 없다'는 사실뿐이다. 변화란 기존의 것을 더 바람직한 상태로 바꾸려는 일련의 노력을 말한다. 항상 반복하던 일상에서 벗어나 무언가를 새롭게 바꾸거나 추진하고자 할 때 떠올리는 것이 바로 변화다.

　그렇지만 변화의 본질과 정체, 변화가 가져오는 순기능과 역기능, 변화를 통해 아름다운 성과물을 만들어내는 과정, 여기에 개입하는 심리적이고 조직적인 저항, 변화를 추진할 때 많은 기업이 범하는 치명적인 실수, 그리고 여기에서 비롯된 일련의 복잡한 과정을 아는 사람은 많지 않다.

코터 교수의 '8단계 변화관리 프로세스'는 수많은 기업의 다양한 프로젝트 경험을 귀납적으로 정리한 결과다. 따라서 조직의 유형이나 특성에 관계없이 어떤 조직에서도 통용될 수 있는 변화관리의 고전이라고 할 수 있다.

그러면 변화관리 프로세스 이전에 변화의 본질을 몇 가지 은유적인 표현을 통해 이해한 다음, 펭귄부족에게 적용된 8단계 변화관리 프로세스를 되짚어보는 것도 의미 있는 작업이 될 것이다.

변화는 길이다

로버트 프로스트의 시에도 나와 있는 것처럼 변화는 이제까지 가보지 않은 '길'을 선택하겠다는 결연한 결단이자 과감한 결행이다. 마음속으로 생각하는 변화는 진정한 의미의 변화가 아니다. 진정한 변화는 미지의 세계를 향해 과감히 행동하는 과정을 통해 얻을 수 있는 깨달음이다.

변화의 길에는 항상 위기와 위험이 도사리고 있다. 동시에 기대 이상의 혁신에서 얻는 즐거움과 염원하던 성과를 올렸을 때 느끼는 성취감도 있다. 그러나 성과의 나눔을 맛보는 짧은 행복의 순간 뒤에는 또다시 넘어야 할 변화의 산이 기다리고 있다. 변화는 한순간의 이벤트가 아니라 살아 있는 동안 영속적으로 추진해야 하는 필연적인 여정이다.

변화는 애인과의 만남이다

내가 진정으로 사랑하는 사람과 만난다면 만나기 전에도, 만나는 중에도, 만난 후에도, 나는 진지하게 노력할 것이다. 이와 마찬가지로 변화는 변화시키고자 하는 대상에 대한 지극한 관심과 배려, 애정 없이는 이루어지지 않는다.

변화를 결심하는 것은 곧 그 대상과 주체에 대한 애틋한 관심과 사랑의 표현이다. 변화를 추진하고자 하는 결심과 의지, 열정은 변화 대상에 대한 사랑의 강도에 따라 달라질 수 있다. 그래서 변화는 희망을 향한 뜨거운 몸짓이자 열정적인 구애 행위라고 할 수 있다.

변화는 촛불이다

자신의 몸을 태워 세상의 빛이 되는 촛불처럼 변화에는 자기 몸을 태워 세상을 밝게 해주려는 순수한 의도와 살신성인(殺身成仁)의 정신이 필요하다.

남을 향해 변화 메시지를 강압적으로 전달하는 것이 아니라 솔선수범해서 스스로 기존의 것을 과감하게 벗어던지고 새 옷으로 갈아입는 자세와 태도, 결연한 각오와 결행을 보여줄 때 변화추진 과정에 열정적으로 몰입하게 된다. 변화의 촛불은 자기변신의 과정이자 남을 향한 빛과 소금이다.

변화추진 과정은 스스로를 불태울 수 있는 용기와 자신의 모든 것을 연소시켜 꿈을 이루려는 열망이 항상 함께하는 가슴 뛰는 삶의 여정이다.

변화는 물이다

물은 높은 곳에서 낮은 곳으로 흐른다. 중간에 장애물을 만나면 한바탕 결투를 하지 않고 조용히 옆으로 비켜 가거나 아래로 떨어지며 묵묵히 바다를 향해 흘러간다.

이처럼 변화는 위에서 먼저 시작해 밑으로 자연스럽게 흘러내리는 물의 이치를 따라야 한다. 또한 변화추진 과정에서 만나는 수많은 장애물에 흔들리지 말고 자신의 목적지를 향해 묵묵히 나아가야 한다. 물이 가장 낮은 곳으로 향하는 것처럼 변화추진의 여정도 현장 구석구석까지 파고드는 은근과 끈기의 노력이 요구된다.

변화는 오뚝이다

변화는 넘어져도 툭툭 털고 다시 일어나는 오뚝이다. 변화추진 과정에서 장애물에 부딪혀 초기의 꿈이 무너져도 포기하지 않고 일어나 세상과 마주해야 한다. 변화를 위해서는 어떠한 장애와 난관이 있더라도 결코 좌절하지 않는 백절불굴(百折不屈)의 정신이 필요하다. 만약 그런 장애와 난관 없이 쉽게 달성한 변화라면, 곧 산산이 흩어지고 말 것이다.

변화는 나이테다

나무가 살아가면서 만난 풍상이 나이테에 고스란히 담기듯, 변화추진 과정의 뜨거운 열정과 치열한 삶의 흔적은 변화라는 나이테에 그대로 남는다.

변화는 그 결과도 중요하지만, 자신이 변화를 통해 얼마나 성장했으며 그 성장과정에서 보고 듣고 느끼고 배운 점이 무엇인가를 아는 것도 중요하다. 왜냐하면 그것이 변화의 질을 결정하기 때문이다.

때로는 견디기 힘든 풍상의 역사가 있어야 나이테가 견고하듯, 변화추진 과정에서 경험하는 고통을 통해 더 많은 보람과 가치를 느낄 수 있다.

변화는 박쥐다

박쥐는 거꾸로 매달려 컴컴한 동굴 속에서 살지만, 자신만의 삶의 방식이 있다. 마찬가지로 자만하지 않고 겸허하게 세상을 바라볼 때 얻을 수 있는 성찰적 삶의 방식 속에서 변화가 탄생한다. 박쥐는 평소에는 똑바로 날아다니다가 잠시 휴식을 취할 때

거꾸로 매달려 평소와 다르게 세상을 보게 된다. 가끔 거꾸로 매달려 바라볼 때 변화의 그 참다운 모습이 보인다.

기존의 방식과는 다르게 보고 다르게 생각할 때 비로소 변화할 수 있다. 다름과 차이를 인정할 때, 새로움을 권장할 때, 그리고 이것을 세상을 바라보는 가치 있는 삶의 한 양식으로 인정할 때 변화의 씨앗이 싹트는 것이다.

변화는 신갈나무다

신갈나무는 독야청청 혼자 사는 소나무와 달리 다른 나무와 식물체를 포용하면서 더불어 살아간다. 신갈나무 주변에는 많은 식물체가 군락을 이루어 살고 있지만 소나무 주변에는 다른 나무나 식물체가 생존하지 못한다. 왜냐하면 소나무는 자신만 견딜 수 있는 성분을 내뿜기 때문이다.

변화는 소나무처럼 혼자 잘 먹고 잘 살기 위한 원맨쇼가 아니다. 그것은 변화추진 주체는 물론 변화로 직·간접적인 영향을 받는 모든 사람과 함께 만들어가는 공동의 노력이다. 혼자 잘살기 위한 독주가 아니라 더불어 살아가기 위한 협연의 여정에 변화의 핵심이 숨어 있다.

지금까지 말한 변화의 은유적 표현에는 다음과 같은 공통점이 있다.

변화란 현재 상태에 대한 불만과 문제점을 해결하고 어려움을 이겨내기 위한 갱생과정이자 집단적 변신의 과정이다. 변화란 기존의 것을 고수하거나 답습하려는 답답함을 제거하기 위한 자기투쟁이며, 더불어 살며 행복을 느끼고 새로운 가치를 창출하기 위한 부단한 삶의 여정이다.

따라서 변화추진 과정에는 변화를 위한 노력은 물론 남을 향한 따뜻한 배려와 관심이 무엇보다 중요하다. 변화는 한 개인이 주체가 되는 독주(獨奏)가 아니라 여럿이 함께 가슴 뛰는 삶을 향해 매진하는 협연(協演)이다.

변화가 기존에 당연시되던 습관에 대한 도전이라고 볼 때, 이러한 변화는 부수어 없애는 것이 아니라 쪼개고 깨뜨려 새로운 것을 만드는 것이다. 오랜 기다림과 아픈 단련을 겪은 후 나름대로의 결을 갖게 된 삶은, 외부의 강압적 힘에 쪼개질 수는 있어도 부서져 없어지지는 않는다. 변화도 이러한 쪼개짐을 통해 만들어진다.

변화추진 과정에서 부서지지 않고 쪼개지기 위해서는 왜, 어떻게 변화할 것인지에 대해 확고부동한 신념이 있어야 한다. 변화를 추진하기 위해서는 기다림과 인내가 필요하다. 기다림과 인고의 세월을 통해 성숙한 사람만이 자기 의지대로 쪼개질 수 있으며, 고통의 산고를 겪은 사람만이 변화의 꽃을 활짝 피울 수 있다.

8단계 변화관리
프로세스 이전

　이 책에서 소개하고 있는 8단계 변화관리 프로세스는 창조적 긴장감 조성에서 시작한다. 그러나 그 이전에 위기를 발견하고 위기를 전달하는 두 가지 과정이 선행된다. 코터 교수의 변화관리 프로세스가 지향하는 고객은 주로 조직의 리더라고 볼 수 있다. 창조적 긴장감 조성으로 시작되는 변화관리 프로세스는 주로 리더 입장에서 어떤 행동을 통해 어떤 방법으로 변화를 추진할 것인지에 대한 처방전을 제공한다.

　그런데 모든 변화추진이 반드시 상부 경영진이나 리더에게서 시작해서 하향식으로 진행되지는 않는다. 이 책에서도 보여주는 바와 같이 프레드는 펭귄부족에 큰 영향력을 미칠 수 있을 만큼의 지위나 경력이 없다. 그는 그저 평범한 펭귄에 지나지 않지만, 빙산의 위기를 감지하고 앨리스에게 전달하는 핵심 역할을 한다.

변화를 성공적으로 진행하기 위해서는 위기의 실상을 공유할 수 있는 지지자나 멘토가 절대적으로 필요하다. 만약 프레드가 위기를 감지하지 않았다면 또는 프레드가 감지한 위기를 앨리스가 무시하고 루이스 회장에게 전달하지 않았다면, 빙산은 파괴되고 부족은 전멸했을 것이다.

펭귄부족의 변화관리 프로세스에서 우리가 배울 수 있는 교훈은 조직이 직면하고 있는 위기는 특정 계층, 특히 리더나 경영진만의 과제는 아니라는 점이다. 그리고 누가 감지했든 이러한 위기를 함께 나누고 문제의 심각성을 공유할 수 있는 지지자를 가까이 두고 있느냐가 변화추진 노력의 성패를 좌우할 수 있을 만큼 중요하게 작용한다는 점이다. 나아가 눈에 보이지 않는 조직의 위기를 감지하고 신속하게 대응할 수 있는 위기감지 시스템을 조직 내에 장착하고 있느냐가 중요하다. 이를 통해 급변하는 경영환경에 좌초되지 않고 지속가능한 성장과 발전을 거듭할 수 있는 원동력을 확보할 수 있다.

8단계 변화관리 프로세스에 비춰본
펭귄의 변화관리

　코터 교수의 8단계 변화관리 프로세스는 다양한 상황에 직면한 많은 조직의 실제 프로젝트 경험을 토대로 만들어졌으며, 현실적인 설득력을 높이고 더욱 정교하게 실생활에 적용될 수 있도록 지속적으로 수정·보완되고 있다. 역자는 그가 제시한 8단계 프로세스를 크게 3단계로 재조명해보았다.

　1단계는 창조적 위기감 조성과 강력한 혁신팀 구성, 비전과 전략 수립으로서 '변화준비 단계'에 해당한다. 2단계는 지속적인 커뮤니케이션 추진, 장벽 제거와 권한 부여, 단기간의 가시적 성과 창출, 변화추진의 가속화로서 '변화추진 단계'에 해당한다. 3단계는 새로운 제도의 정착으로서 '변화정착 단계'에 해당한다.

이러한 8단계 변화관리 프로세스를 그림으로 나타내면 다음과 같다. 이 그림에는 단계별 특성을 대변하는 고사성어와 함께 각 단계에서 일어날 수 있는 치명적 실수로 인한 역기능 현상도 담겨 있다.

| 8단계 변화관리 프로세스 |

8단계 변화관리 프로세스는 다음과 같은 원칙을 전제로 한다.

첫째, 모든 단계가 필수적(essential)이다. 전체 과정의 각 단계는 변화를 이룰 수 있는 견고한 토대가 된다. 이 단계들 가운데 어느 하나라도 빠지면 변화 노력이 제대로 성과를 거두기 어렵다.

둘째, 변화추진 과정이 창발적(emergent)이다. 사전에 설정된 특정 기능과 활동만 각본대로 수행하는 것이 아니라, 상황에 따라 필요한 기능과 활동이 예고 없이 일어날 수 있다. 사전계획에 따른 논리적 순서와 규칙에 맞춰 일사분란하게 움직이지 않고 주어진 변수에 따라서 움직이면 역동적인 변화가 추진될 수 있다.

셋째, 변화추진 단계가 동시다발적(concurrent)이다. 변화추진 과정은 순차적으로 진행되는 것이 아니라 대규모 변화와 팀 구성 및 위기감 고조를 위해 단기적인 성공을 입증한 후 갑자기 시작될 수도 있다. 아니면 조직에 활력을 불어넣고 변화를 위한 분위기를 조성하기 위해 위기감 고조(1단계), 장벽 제거와 권한 부여(5단계), 단기간의 가시적 성과 창출(6단계) 등의 일을 동시에 진행할 수도 있다.

넷째, 변화는 반복적(recursive)인 과정이다. 종종 변화를 성공적으로 진행하기 위해 몇몇 단계를 되풀이해야 하는 경우가 생길 수 있다. 예를 들면 의사소통이나 위기감 고조 등의 일부 단계는 변화 실현에 필요한 에너지를 공급하기 위해 변화추진 과정 내내 지속적으로 실행되는 것이 보통이다.

　궁극적으로 8단계 변화관리 프로세스가 지향하는 것은 불만족스러운 현재 상태에서 미래의 바람직한 조직으로 변화와 혁신을 거듭하면서, 새로운 제도를 조직문화 차원으로 뿌리내리는 것이다. 이러한 과정을 통해 지속적으로 성장발전이 가능한 새로운 기업문화가 조성되는 것은, 조직의 경쟁력 강화를 위한 새로운 '지식창조 사이클'로 볼 수 있다. 이렇게 볼 때 변화관리(Change Management)는 곧 지식관리(Knowledge Management)를 넘어 지식창조경영(Managing Knowledge Creation)으로 연계할 수 있다.

　이러한 점에서 앞의 그림 정중앙에 자리 잡고 있는 'Change=體仁智'라는 말은 의미심장하다. 'Change'를 발음하면 '체인지'로 읽힌다는 점에 착안, '體仁智'라는 신조어를 착안하게 되었다. 인간의 지식을 인공지능이 대체하는 4차 산업혁명의 물결이 몰려오는 이때에는 지능보다 지성, 지식보다 지혜를 추구하는 변화추진과 변화관리가 필요하다. 우선 몸(體)의 '고통' 체험이 수반되고, 그를 통해 타자의 아픔이 나의 아픔처럼 공감(仁)될 때 조직구성원을 비롯하여 조직 전체를 변화시킬 수 있는 체험적 지혜(智)가 탄생한다. 개인 차원의 고통 체험과 조직 차원의 성장통 혹은 구체적인 삶의 현장에서의 실천과정이 생략된 채 탄생하는 지식은 엄밀한 의미에서 조직변화를 일으킬 수 없다. 결국

'Change=體仁智' 철학은, 외부에서 수혈된 컨설팅이나 전문가의 지식은 궁극적으로 개인과 조직을 변화시킬 수 없다는 가정을 전제한다. 지식은 인공지능이 인간보다 더 빠른 속도로 습득하는 시대, 인공지능을 능가하는 인간 지성으로 지혜를 창조할 때 전대미문의 새로운 변화를 일으킬 수 있다. 'Change=體仁智' 과정을 통해서 창출된 지혜는 조직의 미래를 밝게 해줄 수 있는 핵심역량과 직결되는 지혜다. 지식은 학교에서 배울 수 있지만, 지혜는 오로지 시행착오를 통해 몸으로 체득할 수 있다. 이제 'Change=體仁智'는 변화와 혁신의 가속화를 촉발시키는 든든한 밑거름으로 자리 잡을 것이며, 궁극적으로 경쟁력 있는 기업문화를 조성하는 핵심역량으로 작용할 것이다.

변·화·준·비

‖1단계‖ 위기를 눈으로 확인시켜준다

빙산의 위기를 감지한 프레드가 평소 친하게 지내던 앨리스를 찾아가 자신이 관찰한 내용을 알려주면서 문제가 수면 위로 떠오르게 된다. 앨리스는 리더십평의회 회장인 루이스를 설득해, 프레드에게 리더십평의회 회원들을 대상으로 빙산 위기를 프레젠테이션할 수 있는 기회를 만들어준다. 이를 위해 프레드는 자신이 직접 관찰한 내용을 토대로 빙산 모형을 만들어 현재의 위기가 얼마나 심각한지, 다시 말해 위기일발의 상황임을 알린다. 나아가 그는 유리병에 물을 가득 채우고 구멍을 막은 다음 물이 얼면서 부피가 팽창해 병이 깨지는 현상을 보여준다. 이것을 목격한 리더십평의회는 결국 부족총회를 소집하고 위기를 공론화하기로 결정한다.

* * *

실제로 위기를 받아들이는 과정에서는 항상 자만과 오만에서 비롯된 변화 불감증에 사로잡혀 변화 자체를 거부하는 세력이 나타나게 마련이다. 빙산의 위기가 그렇게 심각하지 않다고 반론을 펴는 노노는 모든 조직에 있을 법한 인물이다.

변화는 창조적 위기의식과 긴장감 조성으로 시작된다. 위기 상황에 대한 전체 구성원의 공감대가 형성되어야만 비로소 강력한 변화추진 과정에 발동이 걸릴 수 있다. 누가 어떤 상황에서 관찰했든 위기는 조직 구성원을 대상으로 공론화해야 한다. 가능하면 많은 사람이 위기의 실상을 정확히 이해하도록 하고, 지금의 상황을 그대로 방치하면 돌이킬 수 없는 파국으로 이어질 수 있음을 알려야 한다. 사실적인 데이터 수집과 객관적 분석, 논리적 설명보다는 사람들에게 위기의 실상을 그대로 보여주고 스스로 느끼게 함으로써 행동의 변화를 촉구하는 감성적 설득이 더 큰 효과를 가져올 수 있다.

‖ 2단계 ‖ 강력한 혁신팀을 구성한다

 루이스 회장은 혼자 힘으로는 위기 극복이 어렵다는 것을 인정하고, 빙산의 위기를 극복하기 위해 혁신팀을 구성하기로 한다. 프레드, 앨리스, 조던, 버디, 그리고 본인까지 포함시켜서. 이들은 각자 개성이 뚜렷하며 맡은 역할도 다르다. 처음에 이들은 자신이 왜 혁신팀에 선발되었는지 의문을 품지만, 점차 내심 조화로운 팀이라고 인정하는 분위기로 바뀐다. 특히 함께 오징어를 잡으면서, 극복하기 어려운 문제라도 팀워크를 구축하면 해결할 수 있다는 점을 깨닫는다. 그때부터 이들은 말 그대로 도원결의의 자세로 한 목적을 위해 같이 행동한다.

* * *

다양한 악조건이 존재하는 상황에서 강력한 혁신팀 없이 최고경영자를 비롯한 몇몇 리더그룹만으로 성공적인 변화를 추진하기란 어렵다. 코터 교수는 펭귄 우화를 통해 혁신팀의 조건을 설명한다. 다른 팀원에게 미칠 수 있는 영향력, 해박한 전문지식과 노하우, 그리고 정직과 신뢰를 바탕으로 한 진실성과 탁월한 리더십이 있어야 한다는 점을 강조하는 것이다.

팀워크를 꾸준히 유지하려면 공통된 목표의식, 개개인에게 적합한 역할 선정, 효과적인 팀 운영 및 업무 프로세스의 정립, 팀 구성원 간의 탄탄한 인간관계, 혁신팀이 만나는 사람들의 효과적인 관리방안이 수립되어야 한다. 무엇보다 어떠한 악조건에서도 반드시 조직이 추구하는 목표를 달성하기 위해 의기투합하겠다는 각오와 다짐이 중요하다.

‖ 3단계 ‖ 비전과 전략을 세운다

 강한 결속력으로 뭉친 펭귄 혁신팀은 다양한 전략적 대안을 모색하기 시작한다. 텍사스 석유업자의 의견에 따라 빙산 표면에서 동굴 쪽으로 구멍을 뚫어 물과 압력을 밖으로 나오게 하자는 주장, 녹지도 않고 균열도 없으며 동굴도 발견되지 않는 완벽한 빙산을 찾아보자는 제안, 더 두껍고 튼튼한 얼음이 있는 남극대륙 중심부로 이동하자는 제안, 범고래의 기름으로 강력한 접착제를 만들어 빙산을 단단히 붙이자는 주장 등 펭귄들은 다양한 의견을 제시한다.

좀처럼 현실적인 의견이 나오지 않자, 그들은 눈과 마음을 열고 주위를 걸어보기로 하고 그 과정에서 갈매기를 만나 힌트를 얻는다. 갈매기와의 대화 내용은 펭귄이 꿈꾸는 새로운 삶의 방식을 발견하는 계기가 된다.

* * *

강력한 혁신팀이 구성되면 위기 극복과 전체 구성원의 결집을 위해 가슴 뛰는 비전을 설정하고 이를 달성할 전략을 수립해야 한다. 비전은 1분 안에 설명할 수 있는 것이어야 한다. 왜 혁신을 해야 하는지 1분 안에 설득할 수 있는 강력한 비전이 없으면 많은 혼란과 갈등을 유발하고 변화추진은 중도에 좌초될 수 있다. 그래서 비전과 전략수립은 호시우보와 가깝다. 호랑이처럼 앞을 내다보고 소처럼 우직하게 천천히 쉬지 않고 걸어가는 것이다. 호시 없는 우보는 무모하며, 우보 없는 호시는 허무하다.

코터 교수는 비전은 종이 한 쪽 분량으로 1분 안에 완벽하게 설명할 수 있어야 하며 전략은 10쪽 분량으로 식사시간 동안 설명할 수 있어야 한다고 말한다. 반면, 계획은 공책 한 권 분량으로 일련의 회의를 통해 결정해야 하며, 예산은 두꺼운 공책 한 권 분량으로 여러 번의 회의를 통해 결정해야 한다고 말한다. 비전과 전략은 리더십의 문제에 속하지만, 계획과 예산은 관리의 문제에 해당하기 때문이다.

‖4단계‖ 지속적 커뮤니케이션을 추진한다

"이 빙산은 우리의 전부가 아닙니다. 단지 우리가 지금 살고 있는 곳일 뿐이죠"라는 루이스 회장의 감동적인 연설, 그가 주관했던 극적인 회의, 가능성 있는 비전을 다른 펭귄에게 전파하고 공감대를 불러일으키기 위한 다양한 아이디어 등. 이 모든 것들이 새로운 삶의 방식을 꿈꾸는 펭귄들에게 상당한 설득력을 지닌다.

물론 이러한 과정을 주도적으로 이끌고 있는 이들은 다름 아닌 혁신팀이다. 그들은 탄탄한 팀워크를 기반으로 다른 펭귄들을 변화추진 과정에 동참시킬 다양한 커뮤니케이션 전략을 개발한다. 특히 루이스 회장의 현실에 대한 정확한 판단과 신속한 의사결정, 다른 펭귄의 마음을 헤아릴 줄 아는 뜨거운 감수성, 팀원들의 강점을 살려 적재적소에 배치하는 경영능력은 혁신팀을 넘어 펭귄부족 대표자로서의 면모를 톡톡히 보여준다.

＊　＊　＊

모든 구성원에게 가슴 뛰는 비전을 보여주는 것은 변화추진 과정에서 없어서는 안 될 중요한 단계다. 더욱이 구성원의 헌신적인 참여를 이끌어내려면 비전을 실현화시키기 위해 모두가 나름의 역할을 담당해야 한다.

리더가 오랜 시간을 들여 솔직하고 간결하며 진심에서 우러난 메시지를 전달하면, 모든 조직 구성원은 비전의 가능성을 깨닫고 이를 실현하기 위해 전력투구하게 된다. 따라서 언제 어디서나 혹은 누구에게나 쉽게 감동을 줄 수 있는 사통팔달(四通八達)의 커뮤니케이션 방안을 구축하고 그것을 통해 지속적으로 메시지를 전하려고 노력해야 한다. 혁신팀 내에서만 비전과 전략을 공유해서는 변화를 성공시키기 어렵다. 어디까지나 올바른 비전을 통해 구성원의 이해를 돕고 그들의 진심 어린 참여를 유도해야 한다.

‖5단계‖ 행동에 옮길 수 있는 권한을 부여한다

노노의 엉터리 기상예측과 근거 없는 얘기를 통한 끈질긴 방해공작, 유치원 아이들의 계속되는 악몽과 탐사대원 부모들의 대소동, 탐사대원 대장이 되려는 로비활동과 탐사대원 간 갈등 야기 및 리더십평의회의 내분, 펭귄의 전통적인 식습관 등 지속적인 변화추진을 가로막는 장벽은 쌓여만 간다. 이때, 루이스 회장은 펭귄부족에게 나타난 각종 장애요인을 제거하는 데 솔선수범하는 리더십을 발휘한다. 노노의 입을 막고 설득하며, 탐사대원 대장이 되려는 사람들의 로비활동을 저지하기도 한다. 버디는 유치원 선생님의 두려움을 없애주고 꿈과 희망의 메시지를 전달한다. 그 결과, 유치원 선생님은 어린 펭귄들에게 어려운 상황에서도 꿈과 희망을 잃지 않고 자신의 길을 개척해나갔던 영웅의 이야기를 들려준다. 아이들의 악몽은 유치원 선생님의 이런 헌신적인 노력으로 사라지기 시작한다.

* * *

강력하고 분명한 비전과 전략을 수립하고 지속적으로 커뮤니케이션을 하는 것도 중요하지만, 비전과 전략을 추진할 수 있는 인프라를 구축하고 장벽을 제거하는 노력도 그에 못지않게 중요하다. 구성원들이 비전을 실행에 옮기도록 하려면 비전을 향해 매진할 수 있도록 동기를 유발해야 한다. 또한 행동할 수 있는 여건과 분위기를 조성해주고 다양한 방법과 수단도 마련해야 한다.

특히 변화를 위한 시도가 큰 성공을 거두려면 사람들이 변화의 비전을 이해하고 그에 따라 행동하기 시작할 때 그들 앞을 가로막는 장벽들을 제거해주어야 한다. 장벽은 직접 눈에 보이는 것도 있지만 눈에 보이지 않는 심리적 장벽 또한 존재한다.

이러한 장벽을 제거하기 위해서는 항상 암중모색(暗中摸索)의 자세로 경계를 늦추지 않아야 한다. 이 단계에서 반드시 제거해야 하는 네 가지 주요 장애물이란 잘못된 운영방식으로 야기되는 비효율적 요인, 창의적 사고와 혁신을 가로막는 각종 제도나 시스템, 업무성과를 높이는 데 필요한 전문지식과 기술의 부족, 변화에 반발하는 리더와 관리자의 변화 불감증과 관행적 사고를 조장하는 시대착오적 발상 등이다.

‖6단계‖ 단기간에 눈에 보이는 성과를 낸다

 드디어 1차 탐사대가 새로운 보금자리를 물색하러 길을 떠난다. 그리고 이들은 노노의 악담에도 불구하고 새로운 보금자리에 대한 좋은 정보를 얻어 모두 무사히 귀환한다. 하지만 그들이 떠난 후, 탐사대원들이 탐사를 하느라 물고기를 잡을 수 없다는 문제가 제기된다. 더욱이 펭귄부족에게는 자신의 가족들끼리만 음식을 나눠 먹는 전통이 있다. 이때, 작은 영웅 샐리 앤이 '영웅 찬양의 날'이라는 아이디어로 펭귄부족의 오랜 전통을 창조적으로 파괴하는 파란을 일으킨다. 이 '영웅 찬양의 날'을 통해 그동안 많은 걱정과 불안을 낳았던 새로운 보금자리에 대한 펭귄들의 인식이 바뀌고 미지의 세계에 대한 두려움이 해소되면서 새로운 희망이 잉태된다. 이에 혁신팀은 새로운 보금자리를 향한 강한 확신과 함께 변화추진 여정에 더욱 박차를 가한다.

＊　＊　＊

즉행집완, 즉시 행동하고 집중해서 완성하는 전략이 필요한 시점이다. 여기서 완성은 큰 목표달성을 위한 작은 성공을 의미한다. 작은 목표의 성공적인 완성으로 큰 목표를 향해 나아가는 구성원들의 사기와 의욕을 북돋울 필요가 있다. 1킬로그램의 관념적 생각보다 1그램의 과감한 실천이 더 가치 있다는 말에 귀를 기울여야 한다. 고민만 거듭하다가는 결정적 시기를 놓친다. 변화추진 과정은 장기간에 걸쳐 진행되는 고통스럽고 지루한 여정이 될 수도 있다. 따라서 변화를 통해 궁극적으로 도달하고자 하는 비전뿐만 아니라 비전 달성 여정에서 가시적인 성공 스토리를 만들어 반복적으로 들려줄 필요가 있다. 이러한 성공 스토리를 조직 내에 널리 전파하고 공유하면, 변화추진 노력에 대한 자신감과 신념을 키울 수 있고 변화를 시도하겠다는 의사결정과 노력에 긍정적 평가를 이끌어낼 수 있다. 또한 변화에 대한 긍정적 여론을 조성하여 방관자들을 변화에 동참시킬 수 있는 설득 논리를 개발할 수 있다. 나아가 변화추진에 대한 비판과 회의적인 목소리를 잠재우고 혁신팀의 추진력을 높일 수 있다. 물론 빠른 시간 내에 눈에 띌 만큼 명백하고 의미 있는 성공을 거두지 못할 경우, 변화는 불가피하게 심각한 문제에 직면하게 될 수도 있다.

Our Iceberg is Melting

∥7단계∥ 변화 속도를 늦추지 않는다

 1차 탐사대의 성공적인 체험 이후, 곧이어 2차 탐사대를 파견함으로써 루이스 회장은 변화의 속도를 늦추지 않는다. 탐사대를 위해 물고기를 잡는 일도 이제 일상이 되어버린다. 2차 탐사대의 성공 이후 펭귄부족은 드디어 오랜 숙원이었던 대이주를 시작한다.

유례없는 대이주가 처음에는 혼란스럽게만 보였지만 강력한 혁신팀의 조직적인 역할분담과 책임 있는 행동, 여기에 동참하는 펭귄들의 노력으로 별다른 사고 없이 성공하게 된다. 한 번의 성공적인 이주는 또 다른 이주를 해야겠다는 결단을 이끌어냈으며, 결단에 근거한 과감한 실천은 펭귄들에게 엄청난 자신감을 안겨준다. 이제 새로운 빙산으로의 이주에 회의적인 반응을 보이는 펭귄은 거의 없다. 노노조차 기세등등한 반론의 여지를 펼 기력을 상실하게 된다.

* * *

단기적인 성공으로 얻은 자신감은 변화추진 노력을 계속 전개할 수 있는 원동력이 되고, 보다 어려운 또 다른 변화추진 여정에 과감히 뛰어들 수 있는 용기를 제공한다. 하지만 단기적인 성공에 따르는 위험과 변화과정이 완전히 뿌리내리지 못할 가능성이 아직 남아 있음을 깨달아야 한다. 이 시점에서 집중력을 잃고 너무 일찍 성공을 자축하거나 긴장을 풀면 문제가 발생한다. 이 단계에서 리더는 두 가지 과제에 직면한다. 하나는 혁신이 완전히 마무리될 때까지 구성원들의 헌신적인 노력이 계속 필요하다는 사실을 설득시키는 것이다. 다른 하나는 초기에 설정한 비전을 향해 올바른 방향으로 나아가고 있는지 지속적으로 점검하고 피드백하는 것이다. 일일신우일신하는 자세로 지금보다 더 잘할 수 있는 일이 무엇인지, 또 다른 혁신의 가능성은 없는지를 부단히 탐색해보아야 한다.

변·화·정·착

‖ 8단계 ‖ 조직에 변화를 정착시킨다

 리더십평의회가 앨리스의 끈질긴 설득으로 재편되고 탐사대원 선발에도 엄격한 선발방식이 도입되자, 펭귄학교 교육과정에 탐사학이 새로운 필수과목으로 채택되는 등 펭귄부족에게 많은 변화가 일어난다. 펭귄선생이 기상예보 단장직을 맡고 프레드는 리더십평의회 탐사대장이 되며, 루이스 회장은 은퇴 후 펭귄부족의 대부로 추앙받게 된다. 이제 유목생활은 펭귄들의 일상적인 삶의 방식으로 자연스럽게 정착해 꿈에 그리는 보금자리를 찾아 나서는 펭귄들의 행렬을 자주 목격할 수 있게 된다. 루이스 회장의 말처럼 가장 놀라운 변화는 미래 세대가 빙산을 대하는 방식과 '보금자리'에 대한 그들의 사고방식이 바뀐 것이다.

*　*　*

전통에는 매우 강력한 힘이 있다. 따라서 미래로 한 걸음 전진했다 싶을 때, 갑자기 다시 과거로 되돌아가게 될 수도 있다. 단기간 내에 몇 차례 중요한 성공을 거두면서 충분한 추진력을 확보하고 직원들의 태도 또한 변화의 비전에 맞게 바뀌었다면, 이제는 그 새로운 행동양식을 조직의 체제와 완벽하게 결합시킬 때다. 그동안의 변화추진 노력을 통해 새롭게 형성된 사고방식이나 제도, 시스템, 개편된 조직구조 및 운영방식 등은 새로운 기업문화가 자리 잡는 데 중요한 역할을 한다.

이때, 기업문화가 혁신을 제대로 지원하고 강화하지 못하면 바람직한 결과를 유지하는 데 필요한 노력을 계속 유지하기 어려워진다. 강남의 귤이 강북에 가서 탱자가 되는 귤화위지처럼 아무리 좋은 제도나 시스템도 해당 기업의 역사적 발전과정과 특유의 문화적 특성에 맞게 재탄생할 필요가 있다.

물론 변화추진 성과가 기업문화로 정착되려면 리더가 솔선수범해야 하고 혁신적인 노력을 전개하는 구성원들을 인정하고 대우해주어야 한다. 새롭게 정립된 행동규범과 핵심가치에 따라 성과를 평가하고 비즈니스 프로세스를 재편하면, 그동안 추진해온 변화가 굳건히 뿌리를 내려 새로운 기업문화를 꽃피울 수 있다.

아무쪼록 이 책이 변화를 통해 부단한 성장과 발전을 도모하는 개인은 물론 기업에게 새로운 용기와 자신감을 심어줄 수 있기를 바란다. 나아가 변화는 어렵고 힘든 과정이 아니라 즐겁고 재미있는 자기 변신의 과정이자, 집단적 열망을 추구해나가는 역동적 과정임을 깨달았으면 한다.

펭귄으로부터 배우는 변화관리 노하우가 변화를 갈망하는 모든 사람과 조직에게 목적지에 도달할 수 있는 안내서가 되기를 희망한다. 또 다른 변화를 시작하는 마음으로 지난 변화추진 여정을 점검하면서 그동안 함께한 펭귄 친구들에게 진심 어린 감사를 전한다.

아름다운 변화, 즐거운 혁신을 꿈꾸는 지식생태학자

유영만

변함없이 노력해야
변한다!

변하는 가장 확실한 방법은 변함없이 변화를 추진하는 것이다. 변화를 추진하다 변하면 변화가 의도대로 일어나지 않는다. 의도하는 변화를 가져오기 위해서는 변함없이 변화를 추진해야 한다. 변하는 방법이 변함없이 변화를 추진하는 것이라면 모순이라고 생각된다. 하지만 변화가 일어나려면 변심하지 않고 변화를 반복해서 추진해야 한다. 그렇게 반복해서 변화를 추구하다 보면 어느 순간 무리 없이 반전을 일으키는 변화가 일어난다. 마치 물이 99도까지는 별다른 변화를 보이지 않다가 단 1도 차이로 폭발적인 변화를 일으키는 것처럼 말이다. 변함없이 변화를 추진하지 않으면 변화의 물결에 휩쓸려 떠내려가는 상황에 닥친다. 생명체가 변화를 멈추면 죽음이나 마찬가지이듯 조직도 변화를 멈추는 순간 도태되거나 쇠하여 사라지기 시작한다.

'펭귄에게 배우는 변화의 기술'이라는 부제가 붙은 《빙산이 녹고 있다고?》는 2006년도에 출간되어 독자들의 꾸준한 사랑을 받아왔다. 세계적인 변화관리의 구루, 존 코터의 역작인 이 책이 출간된 지 10년이 넘는 동안 세상은 4차 산업혁명을 필두로 하루가 다르게 변화를 거듭해왔다. 존 코터는 자신의 변화관리 8단계 프로세스의 기본적인 프레임은 흔들지 않으면서도 그것을 적용하는 과정에서 얻었던 몇 가지 통찰력을 추가해서 최신개정판을 선보였다. 변화관리를 주제로 하는 책도 변화의 물결에 떠내려가지 않기 위해서는, 현장을 매개로 한 새로운 체험적 교훈을 추가해야 한다. 최신개정판의 메시지는 다음 네 가지로 요약할 수 있다.

첫째, 위기에 대한 일방적 위협보다 위기를 공감하는 연대가 필요하다. 조직이 직면할 수 있는 가장 심각한 위기는, 위기를 위기로 보지 않는 태도다.

이 책에서 변화추진의 주동자로 활동하는 프레드가 삶의 터전인 빙산이 녹고 있다고 아무리 주장해도 펭귄부족은 받아들이려 하지 않는다. 지금 아무런 문제가 없는데 왜 위기라는 말을 하는지 도무지 이해할 수 없다는 표정을 짓는 것이다. 심지어 펭귄부족의 리더 격인 루이스 회장이 이 문제의 심각성을 강조해도, 대다수 펭귄은 의아하게 생각할 뿐이다.

이런 상황에서는 조직 구성원들이 위기를 실감할 수 있도록, 다양한 사람들이 솔직하게 이야기할 수 있는 분위기를 조성하는 노력이 무엇보다도 중요함을 최신개정판은 역설하고 있다. 한두 명의 리더가 위기 메시지를 강압적으로 제시하기보다, 가능한 한 많은 구성원을 위기 인지와 공감 과정에 참여시켜 그들 스스로 위기를 실감할 수 있도록 해야 한다는 뜻이다. 경험이 많은 구성원일수록 오히려 위기에 대한 민감도가 떨어진다. 위기가 상존하는 시대, 조직 전체에 위기에 대한 공감대를 형성하는 전략이 변화추진을 성공시키는 첫걸음임을 최신개정판은 힘주어 강조하고 있다.

둘째, 변화추진 계획수립과 실행에 관한 새로운 관점의 전환이 필요하다.

변화가 안정적이고 연속적일 때는 완벽한 변화추진 계획을 수립해 그대로 실천하는 것이 유용하다. 하지만 예측 불가능한 환경변화가 불연속적으로 전개될 때는 완벽한 계획을 수립하려는 노력 자체가 변화추진에 방해가 될 수 있다. 전통적인 변화관리는 변화추진 계획을 완벽하게 수립하는 과정을 중시했다. 하지만 아무리 완벽한 계획을 수립해도 그 계획과 그것이 실행되는 현장 사이에는 늘 심각한 격차가 존재하기 마련이다. 잘못하면 오히려 완벽한 변화추진 계획 자체가 장애요인으로 작용할 수 있다. 이상적인 변화추진 전략은 변화가 실제로 일어나는 현장에 유연하게 대응하면서 지속적으로 수정되는 방법을 따라야 한다. 방법은 실행 이전에 이루어지는 선행수단이 아니라 오히려 실행하는 가운데 부각되는 해결대안이다.

셋째, 변화관리의 핵심 주체는 외부에 있지 않고 내부에 있다.

문제 상황과 직면하고 있는 내부 당사자가 문제를 가장 잘 해결할 수 있는 주체다. 외부 전문가들은 문제 상황을 객관적·논리적으로 분석한 다음 나름대로 합리적인 대안들을 제시하지만, 그중에는 실행에 옮기기 어려운 '그림의 떡'도 많다는 것이 걸림돌이다. 그래서 이 책의 저자들은 문제를 논리적으로 분석하기보다 문제의 실상을 있는 그대로 보여주고 당사자가 스스로 위기의식을 느껴 변화를 추진할 수 있도록 하는 'see-feel-change' 전략을 강조한다.

"문제가 클수록 작은 해결책을 찾아라. 논리적으로 분석할수록 거기에 걸맞은 심층적이고 복잡한 해결책을 낳는다."《스위치》의 저자 칩 히스와 댄 히스의 말이다. 이들에 따르면 해당 분야의 전문가들이 체계적인 분석과 합리적 대안으로 제시하는 결과는 TBU(Trust But Useless), 즉 맞는 이야기지만 실제로는 무용지물일 가능성이 높다. 변화가 시작되는 출발점은 완벽한 분석과 합리적인 해결대안이 제시된 이후가 아니라 '성공적인 변종'에 주목해서 문제의 당사자들이 지금 여기서 실천할 수 있는 작은 실천대안을 마련해서 추진할 때다. 이런 변화전략을 담은 책이《긍정적 이탈》이다. '긍정적 이탈(positive deviance)'은 불가능 속에서도 누군가는 성과를 낸다는 점에 착안해서 리처드 파스칼, 제리 스터닌, 모니크 스터닌이 개발한 개념이다. '실패하는 다수'보다 '성공적인 예외'에 주목하여 최소한 누군가 한 명은 똑같이

주어진 자원을 활용해 다른 사람들이 무시하거나 간과했던 문제를 붙잡고 불가능한 역경을 딛고 성공한다는 것, 그런 예외적인 아웃라이어를 찾아내는 접근방법이다. 필요한 변화를 대대적으로 이루기 위해서는 위험성이 아닌 기회에 초점을 맞춰야 한다고 이 책의 저자들은 주장한다.

넷째, 변화추진 주체와 이를 따라가는 추종자 간의 이분법적 구분에 대한 관점의 전환이 필요하다.

소수의 몇 사람이 변화를 주도하기에는 변화 자체가 너무 복잡할 뿐만 아니라 변화의 양상이 예측할 수 없는 불확실성을 내포하고 있다. 변화관리 8단계 모델에는 물론 변화를 주도적으로 추진하는 변화관리팀 결성 과정이 나온다. 그러나 그들이 변화추진 청사진을 수립하고 나머지 사람들은 그 계획에 수동적으로 따르기만 한다면, 성공적인 변화를 추진하기 어렵다. 무엇보다 그런 이원적 전략은 현실에서 먹히지가 않는다. 변화관리 계획을 수립하는 동안에도 현장의 변화는 극심하다. 변화관리팀은 변화추진 과정을 종합적으로 모니터링하면서 의도하는 방향으로 변화가 추진되고 있는지를 지속적으로 관리하는 것은 물론, 조직의 모든 구성원에게 피드백을 제공하여 그들이 변화추진의 주인공이 될 수 있도록 고무하고 촉진하여야 한다. 변화추진의 주체는 변화가 성공적으로 추진되었을 때 혜택을 보는 당사자들이 되어야 한다. 달리 말해 문제 해결의 열쇠는 외부 전문가들로 구성된 TF팀이 아니라 문제 상황에 직면한 당사자들이 쥐고 있다.

"지금까지 걸어온 길은 끝났다. 이제 새로운 길을 열어야 할 때다."

츠타야 서점 설립자 마스다 무네아키의 말이다. 지나온 길에서 얻은 성공체험은 앞으로 걸어갈 길에 도움이 되기도 하지만 한편으로 걸림돌로 작용할 수도 있다. 걸어온 길과 걸어갈 길은 전혀 다른 길이다. 걸어갈 길 위에서 펼쳐질 변화무쌍함 역시 지금까지와는 전혀 다른 양상을 띨 것이다. 영화 〈고산자, 대동여지도〉에도 비슷한 말이 나온다. "갈 길은 아직 못 가본 길이다." 못 가본 길 앞에서는, 이미 가본 길에서 얻은 성공체험이 되레 실패로 이끄는 요인이 될 수 있음을 명심해야 한다.

동일한 변화관리 8단계 모델이라도 그것을 적용하는 방식에 따라 결과는 천양지차일 수 있다. 어떠한 상황에서도 통하는 만고불변의 진리는 없다. 오로지 특정 상황에서 일정 기간 동안만 진리로 통용되는 일리(一理)가 있을 뿐이다. 상황에 따라 위기의 성격과 종류는 전혀 다를 것이고, 따라서 위기를 극복하는 변화관리 방법도 상황에 따라 다른 전략이 필요하다.

성공적인 변화추진을 위한 답은 책상에서 찾을 수 없다. 오로지 변화가 일어나고 있는 현장에서 몸으로 체험하는 가운데 얻을 수 있다.《빙산이 녹고 있다고?》최신개정판이 변화추진의 실마리를 주었으면 좋겠다는 희망을 가져본다.

유영만